理科授業サポートBOOKS

ユニバーサルデザインの小学校理科授業

久本卓人 著

JN041601

明治図書

はじめに

　ユニバーサルデザインは，ノースカロライナ州立大学のユニバーサルデザインセンターを設立したロナルド・メイス教授が正式に提唱した考え方です。

　ロナルド・メイス教授は，9歳のときにポリオにかかり，その後は酸素吸入をしながら電動車椅子を使って生活していたという方です。

　そのため，いわゆる「バリアフリー」に接する機会は多くありました。

　しかし，バリアフリーに含まれる特別扱いの意識に疑問を感じ，「はじめからできるだけ多くの人が利用可能であるようなデザインにすればよいのではないか」と考え，提唱したのがユニバーサルデザインです。

　この「ユニバーサルデザイン」という言葉が，教育の世界でもずいぶん普及してきました。

　インターネットで全国の研修会を検索してみると，毎月のようにどこかで「ユニバーサルデザイン」をテーマにした授業づくりや学級づくりの研修会が開かれています。

　私も，星槎大学大学院の阿部利彦先生を顧問とする日本授業ＵＤ学会湘南支部を中心に，様々な場で先生方とともに研鑽を重ねています。

　そうした中，ある研修会で出会った年配のある先生が，「本当によくできたと思える授業は教員人生を振り返っても数回しかない」とおっしゃっていました。

　その先生は，授業に関する知識も実践力も抜群で，私にとっては神様のような存在の方です。

　その先生ですら満足できるような授業は人生の中でわずかしかないというのは，当時の私にとって驚きでした。

　しかし，後から振り返ってみると，教師としての力量が向上すればするほど，子どもや授業を見取る目も肥えていき，課題も見えるようになってくる

ということなのだろうと納得しています。

　これは，授業のユニバーサルデザインにおいても同様です。
　筑波大学附属小学校の桂聖先生をはじめとする日本授業ＵＤ学会の先生方は，「授業のユニバーサルデザインには完成形がない」ということをよくおっしゃいます。
　社会で暮らす多くの人を利用者と想定して作られる工業製品とは異なり，授業はその日，そのクラスの子どもたちを想定してつくるものだからです。
　どれほど優れた授業者の素晴らしい授業であっても，そのままでは，目の前の子どもたちにとってユニバーサルデザイン化された授業にはなりません。
　しかも，目の前にいる子どもたちですら，今日と明日とで同じではないのです。
　その子たちを相手に「よくできた」と自分で満足できる授業を実現するのは，そう簡単なことではありません。

　本書で紹介する様々な工夫や授業の展開例は，そのような最善を目指し続ける授業づくりの「材料」や「組み立て方のコツ」です。今回はそれらを，「授業の『引き出し』」と「授業のＵＤ化５つのテクニック」という２つの柱から整理しました。
　それらは決して，「そのまま再現すれば十分」というものではありません。
　そのため，課題設定や実験方法などは，子どもの実態に応じて考えられる複数の例を紹介しているページが多くあったり，「…するのも１つの方法です」という表現が使われていたりします。

　本書で紹介した内容が，先生方の日々の授業づくりをよりよくするきっかけやヒントとして，少しでもお役に立てれば幸いです。
　2023年12月

久本卓人

目 次

第1章

理科授業のユニバーサルデザインとは？

第2章

ユニバーサルデザインの理科授業をつくる 18の「引き出し」

第3章

18の「引き出し」×５つのテクニックでつくる！ ユニバーサルデザインの理科授業

3年

6 年

第1章

理科授業のユニバーサルデザインとは？

授業のユニバーサルデザインとは？

その子にとっては「必要な」
他の子にとっても「あると助かる」支援を

　2022年12月に文部科学省は，通常学級に在籍する小中学生の8.8％に，学習面や行動面で著しい困難を示す発達障害の可能性があるという調査結果を発表しました。

　この調査結果は，2012年12月に発表された通常学級において何らかの特別な配慮を要する児童・生徒の割合である6.5％と比較してもインパクトのある数字であり，通常学級では多様な学力や学び方の子どもたちが混在して一斉授業を行っているという課題を再認識させるものでした。

　しかし，多様な学力，学び方の子どもたちが在籍しているという状態は，必ずしも悪いことばかりではありません。

　それぞれの個性や考えのズレをいかし，協働的に学ぶことは，1人では気づかない視点に気づいたり対話を通してより深い理解を得たりするきっかけになるからです。

　そこで大切となるのが，一人ひとりの困難さに寄り添い，特別支援教育の知見も取り入れながら，その子にとっては「必要な」，周囲の子にとっても「あると助かる」支援を行うという教育の在り方です。

　特別支援教育における個別支援を「バリアフリー」にたとえるなら，これは「ユニバーサルデザイン」と言えるでしょう。

　ここではまず，教育におけるユニバーサルデザインについての視点を紹介したのち，授業のユニバーサルデザインについて考えていきたいと思います。

3つの柱で進める教育のユニバーサルデザイン化

　星槎大学の阿部利彦先生は，教育におけるユニバーサルデザインを「『より多く』の子どもたちにとって，わかりやすく，学びやすく配慮された教育のデザイン」と定義したうえで，取り組みを進めるにあたっては，「人的環境」「教室環境」「授業」という３つの柱が存在することを指摘されています。

　このうち，人的環境のユニバーサルデザイン化は先生と子ども，あるいは子ども同士における人間関係など主にソフト面に関する取り組み，教室環境のユニバーサルデザイン化は黒板や掲示物など主にハード面に関する取り組み，そして授業のユニバーサルデザイン化は指示の仕方や先生の接し方といったソフト面と様々な教具といったハード面を組み合わせて活用するマネジメントに関しての取り組みと言えるでしょう。

　そして，これらは個別に独立したものではなく，相互作用的に働くものです。ですから，教師はこの３つの視点で日頃の指導や環境を見直し，バランスのよい取り組みを進めていく必要があります。

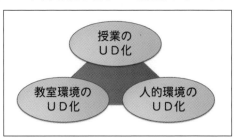

阿部利彦『通常学級のユニバーサルデザインスタートダッシュQ&A55』p.11（東洋館出版社）

3段構えで最適化していく授業づくり

　３つの柱のうち，授業のユニバーサルデザインについてもう少し深く考えてみましょう。

　授業のユニバーサルデザインとは何か，という問いに対する答えは人によって多少異なりますが，日本授業ＵＤ学会では，「授業ＵＤとは，「特別な支援が必要な子を含めて，通常学級におけるすべての子が楽しく学び合い『わ

かる・できる・探究する』ことを目指す授業デザイン」であり，指導の理念」であると説明しています（日本授業ＵＤ学会　ＵＤ Ｑ＆Ａより）。

　また，同学会の小貫悟先生，桂聖先生は，授業のユニバーサルデザイン化の流れを下のようなフローチャートで整理されています。

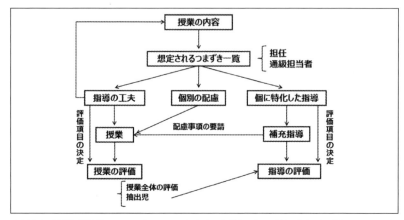

小貫悟・桂聖『授業のユニバーサルデザイン入門　どの子も楽しく「わかる・できる」授業のつくり方』p.64（東洋館出版社）

　このフローチャートで注目してほしいポイントが２つあります。

　１つ目は，子どものつまずきを想定し，それに応じた工夫や配慮を行おうとしていることです。ここで述べる「子ども」とは，一般論としての子どもではありません。あくまでも授業者の目の前にいる子どもたちです。授業者は，それまでの学習状況や一人ひとりの特性を踏まえ，その子たちだからこそのつまずきを想定していくのです。

　２つ目は，その工夫や配慮を，一斉指導における「指導の工夫」，一斉指導における「個別の配慮」，取り出し指導等の「個に特化した指導」の３段構えで捉えていることです。

　このように，目の前の子どもたちのつまずきを想定し，授業を３段構えで最適化していく。それは，たとえて言うならオーダーメイドで世界に１つだけ，１回限りの授業をつくろうとする作業です。

オーダーメイド形式で進める授業のユニバーサルデザイン化

　これらを踏まえ，授業のユニバーサルデザイン化を進めるにあたり，私が大切にしていることは次の4点になります。

---

①授業の指導方法や教材の工夫だけではなく，教室環境やあたたかい人間関係づくりとセットで取り組んでいく。
②完成された特定の授業をそのまま取り入れるのではなく，様々な授業展開，発問，教材等を目の前の子どもの実態に応じて組み合わせていく。
③全体指導と個への支援・配慮とを組み合わせて授業計画を立てる。
④その教科や単元が得意な子と苦手な子，ファーストラーナーとスローーラーナーなど，多様な子どもが目の前にいることを意識する。

　今回は理科授業のユニバーサルデザインがテーマですので，特に上記の②～④にスポットを当て，授業づくりのポイントや想定される子どものつまずき，具体的な支援や配慮等の例を紹介していきます。ただし，それらはあくまでも授業を組み立てる際に使う「材料」の例です。決して，そのままどのクラスにも当てはまる万能な指導計画ではありません。

　繰り返しになりますが，大切なのは，それらを参考にしつつ，オーダーメイドのように授業を組み立てていくということです。そして，この授業づくりの在り方や理念自体が，授業のユニバーサルデザインの本質なのです。

2

子どもの視点から考える理科授業の難しさ

　理科の学習は，課題の設定，予想や手順の確認，実験や観察の実施，結果の整理，考察という流れで構成されることが多いと思います。

　ここでは，その流れに授業後の知識や技能の定着という段階を加え，子どもの視点から理科授業の難しさについて考えてみましょう。

課題設定における難しさ

　子どもたちの様子を見ていると，小学校の理科の学習につながるような，基本的な生活経験の機会が減ってきていると感じることがあります。

　例えば，子どもたちは様々な家電製品に囲まれて暮らしていますが，その多くはデジタル制御により複雑化し，一つひとつの仕組みがブラックボックス化しています。また，IHコンロやエアコン，給湯器等の普及により，日常生活において，まったく火を目にすることがないという家庭もめずらしくありません。植物や昆虫といった自然に接する機会も，地域や家庭によっては，ずいぶん少なくなっているようです。

　理科は，身の回りの様々な自然事象に着目して，変化の様子を細かく観察したり仕組みを解き明かしたりしていく教科です。また，身近な自然や生活経験を振り返りながら課題設定をしたり，予想を立てたりする場面が多くあります。

　しかし，土台となる生活経験が不足していると，「学習内容や教材への関心や高まりにくい」「課題を設定しようと思っても知識や経験がないために考えが浮かばない」といった状態に陥りやすくなってしまいます。これらは，設定された課題が子どもにとっての「自分ごと」になっていない状態と言え

ます。

　また，理科が苦手という先生の授業を見ると，教科書の内容をなぞるだけの単元展開になっていることがあります。理科授業に関する経験不足，ということもあるでしょうが，限られた授業時間の中で学習内容をこなすために，やむなくそうしているという事情もあるようです。

　しかし，授業が進むたびに教科書の新しいページを開いて，記載されている課題を書き写すというのでは，学習活動ではなく「作業」です。当然ですが，課題が子どもの「自分ごと」になることもありません。

　子どもたちの中には，「やりたい」あるいは「面白そう」と思えるかどうかにとても素直な子たちがいます。そういった子たちにとって，課題を「自分ごと」と思えるかどうかは，そのまま学習への参加度や，学習内容の定着率につながっていきます。

実験や観察の準備物や手順を考える際の難しさ

　課題を設定すると，次に実験や観察の準備物や手順を考えることになります。

　しかし，理科で使用する実験器具や様々な道具は，日常生活で使い慣れない物であることが少なくありません。しかも，単元ごとにまったく異なる器具や道具を使う必要があるのも理科授業の特徴です。このことは，学年が上がるにつれて顕著となります。観察や実験に関する技能の習得も理科授業における目標の1つですから当たり前なのかもしれませんが，これは，一つひとつの学習をゆっくりと着実に身に付けていくタイプの子どもたちにとっては，とてもハードルが高い学習活動です。

　できれば，午度当初に理科室にある実験器具はどのような物があるのか，それぞれどうやって使うのかなどをオリエンテーションとして，ていねいに確認できるとよいのですが，十分な時間が確保できていないことも多いようです。

予想を立てる際の難しさ

　予想を立てるということは，抽象度の高い思考を要求します。

　また，予想を立てるためには，一定の経験や知識など，手がかりが必要となりますが，子どもによってはそもそもそれらが十分に確保されておらず，「考えようがない」状態になっていることが少なくありません。そうすると，いくら「よく考えてみましょう」と言われても，その子にとっては無の世界から何かを創造せよと言われているようなもので，とうてい無理な話です。

　また，家庭学習で知識を先取りしている子が暗記している「正解」を述べるだけになっていることもあります。そうなると，「正解」として定着している知識がその子の思考を妨げる枷となってしまい，自分なりの考えを形成するという力を伸ばす機会が失われることになります。

観察や実験における難しさ

　すでに述べましたが，理科は，多くのめずらしい実験器具が登場する教科です。その中には，ビーカーや温度計といった，破損の可能性がある器具やカセットコンロのように危険を伴う物も少なくなりません。

　また，顕微鏡や気体検知管のように，日常生活ではなかなか触れる機会のない物もあります。

　理科の実験器具が登場すると，ものめずらしさから子どもたちの学習意欲は高まるのですが，その一方で，テンションが高くなりすぎての不注意や，知識・技能の不十分さによる事故につながることもあります。

　特に，ワーキングメモリや手先の器用さ，周囲の状況を見ながら行動することなどに苦手さがある子にとって，使い慣れない実験器具や道具の扱いは負担の大きい活動であり，ていねいな支援や配慮が必要です。

結果を整理する際の難しさ

　実験や観察を行った後には，その結果を整理することになります。

　この場面で問題になるのは，必ずしも教科書通りではない結果が多々あるということです。

　自分が若いころは，困ったなあと思いながら教科書を開かせ，「みんなの結果はこうだったけど，本当はこうなるよ」と説明し，お茶を濁すこともありました。もちろん，その後のテストは散々な結果でしたが…。

　考えてみると，自分たちが確かめてきた事実と異なる「真実」が授業の終盤で突然提示され，「それを理解しなさい」というのだから，子どもたちに学習内容が定着しないのは当然です。特に，切り替えが苦手な子や，細かい違いにこだわる傾向が強い子にとっては難しい話です。

考察を行う際の難しさ

　結果の整理の後は，考察を行うことになります。結果が具体的な事象や数字をありのままに記録する作業だとすると，考察はそれを抽象化する作業です。しかし，この結果と考察を区別して行うことが苦手な子は少なくありません。

学習内容の定着を図る際の難しさ

　国語や算数と比較すると，理科は学習内容のスパイラル化を図る機会が少ない傾向があります。スパイラル化とは，既習の学習内容を繰り返し復習することで習得の深まりをねらう学習方法です。そのため，長期記憶に弱さがある子どもにとっては，知識・技能の定着が難しい面もあります。

理科授業のユニバーサルデザイン化に向けた基本的なポイント

学習課題が「自分ごと」になるようにする

　理科の授業における子どもたちの学習意欲を高めるためには，学習課題がそれぞれの子どもたちにとっての「自分ごと」になっていることが欠かせません。「自分ごと」になっている状態とは，子どもたちが自然事象の仕組みや不思議さについて「調べたい」「知りたい」という思いをもち，主体的に問題解決に携わっていこうという意識をもっている状態です。そこで，子どもたちの自然事象に対する興味関心や生活経験の有無，教材化できる地域の自然環境等を把握したうえで，知的好奇心を刺激するしかけや働きかけの工夫を考えていきます。

子どもの視点から授業計画を見直す

　子どもたちの中には，「できなそう」「イヤ」「キライ」なことがとても苦手な子たちがいます。その子たちには，「授業だからこうするべき」という大人側の価値観は通用しません。例えば，普段「虫が苦手」と言っている子に，「そんなこと言っていないで授業なのだからしっかり観察しなさい」と一方的に学習活動を強制するだけでは，質の高い気づきや学習内容の定着にはつながりません。

　授業を行うにあたっては，教師として「学ばせたいこと」や「させたいこと」もあると思います。しかし，それだけの授業にしてしまうのではなく，一人ひとりの困難さや思いを把握し，常に子どもの視点から授業計画や支援

の方法を見直すことが大切です。

「適切な情報量」を意識する

　子どもたちが実験結果の予想を立てたり実験方法を考えたりする際には，あらかじめ考えるための土台となる情報を確保しておくことが大切です。土台となる情報とは，学習内容に関係する知識や生活経験などです。

　これは，不足すると「基礎知識がある，或いは『正解』を知っている児童・生徒のみが発言できる」状態になり，多すぎると「児童・生徒の視点が拡散しすぎて対話がかみ合わない」「情報の精選ができる児童・生徒のみが発言できる」状態になります。そこで「児童・生徒の視点が焦点化する」「どの児童・生徒にとっても，『考えよう』があり，発言できる」状態を目指します。

情報量		児童・生徒の反応
↕	過多	■児童・生徒の視点が拡散しすぎて対話がかみ合わない。 ■情報の精選ができる児童・生徒のみが発言できる。
	適切	■児童・生徒の視点が焦点化する。 ■どの児童・生徒にとっても，「考えよう」があり，発言できる。
	不足	■基礎知識がある，或いは「正解」を知っている児童・生徒のみが発言できる。

「正反対のタイプの子ども」を思い浮かべて授業をつくる

　校内研究等で公開される研究授業では，対象児や抽出児と呼ばれる「注目したい児童」を指定することがあります。選ばれるのは，その授業の成果や課題を判断するバロメーターとなってくれそうな子どもであることが多いと思います。

　ユニバーサルデザインの視点から理科の授業改善を図る際にも，これと同じように，実際にクラスにいる子どもの反応を想定しながら授業計画を立て

たり，日々の授業を見直したりすることが大切です。その際，おすすめなのは，正反対のタイプの子どもの反応を想定することです。例えば，次のような子どもたちになります。

○ファーストラーナーとスローラーナー
○理科が得意な子と苦手な子
○集中力が持続しやすい子と飽きっぽい子

　ファーストラーナーとは，物事の上達や習熟が速いタイプの学習者です。要領よく物事をこなすことができ，話し合いを進める際には中心になって活躍してくれます。それに対して，スローラーナーは自分のペースでゆっくり学ぶタイプの学習者です。自信がないために意欲に欠けたり活動に消極的だったりすることも多いのですが，基礎からじっくり学ぶことで着実に力をつけられる可能性があります。また，理科が得意な子と苦手な子，集中力が持続しやすい子と飽きっぽい子などの反応を想像しながら発問や活動内容，時間配分などを考えていきます。

　その他にも，学習内容によって，生活経験が豊かな子とそうでない子など，いくつかの視点があると思います。いずれにしても，大切なことは，正反対の特性をもつ子どもを念頭に置きながら授業の工夫や支援方法を考えることで，誰一人取り残さない授業や学習環境を実現していくということです。

一人ひとりの特性に応じた学び方ができる学習環境をつくる

　人は五感を通して様々な情報を得ています。その際，どの感覚から得た情報を使うことが得意かという脳の特性を「優位感覚」と呼びます。これは，「覚える」というインプットの場面だけでなく，「思い出す」「表現する」など，様々な学習場面でも影響を与えます。

　理科は，野外での観察や様々な準備物を使った実験など，五感を活用する

学習場面が多い教科です。子どものニーズに応じた道具や器具を用意するなど，多様な学び方ができる学習環境を整えるよう配慮することが大切です。

　なお，優位感覚の種類については，3種類，あるいは6種類で整理する考え方もありますが，ここでは次の4種類について紹介します。

○視　覚　優　位…図や絵を使った学習など，視覚に関する情報の処理や表現が得意なタイプです。

○聴　覚　優　位…音楽や音声言語を使った学習など，聴覚に関する情報の処理や表現が得意なタイプです。

○体感覚優位…体育や体を動かしながらの活動など，体感覚に関する情報の処理や表現が得意なタイプです。

○言語感覚優位…考えを言葉で整理したり話し合ったりする，文章で書かれた内容を理解するなど，言語に関する情報の処理や表現が得意なタイプです。

整理整頓された使いやすい理科室をつくる

　理科室には様々な実験器具が保管されています。日常的な整理整頓を心がけるとともに，棚の扉には収納されている器具の写真を貼り付けるなどして，子どもたちにとっても，どこに何があるかが直感的にわかるようなすっきりとした環境を整えることが大切です。

　また，日頃から子どもたちが役割分担をして準備や片づけをすることは，保管されている器具の種類や収納場所を知るよい機会にもなります。

授業の「引き出し」と
授業のUD化5つのテクニック

　理科授業のユニバーサルデザインを具現化するために，本書では，前項までに紹介した子どもにとっての難しさや基本的なポイントを踏まえたうえで，理科授業で特に有効と思われる「授業の『引き出し』」と阿部利彦先生が指摘されている「授業のUD化5つのテクニック」という2つの視点から単元計画や1単位時間の授業の具体例を示していきます。

多様な支援を可能にする授業の「引き出し」

　「授業の上手な教師は，授業づくりの『引き出し』をたくさんもっている」そんな話を若いころに先輩の先生から聞いたことがあります。この「引き出し」とは，様々な「教材」「ツール」「しかけ」のことです。

　そして，この「引き出し」を増やすことは，多様な特性をもつ子どもたちに応じた授業づくりの第一歩になります。

授業のUD化5つのテクニック

　阿部利彦先生は，優れた先生方の授業を分析する中で，子どもたちが「わかった・できた」と実感する授業には，5つのテクニックが見られることを指摘されています。それが，「ひきつける」「むすびつける」「方向づける」「そろえる」「わかったと実感させる」です。

　「テクニック」という言葉の受け取り方は様々だと思いますが，これは指導のちょっとしたコツで終わるものではありません。クラスの子どもたちの特性や学習状況に合わせ，より効果的な教材やツール，工夫を選択しながら

子どもたちの意識を焦点化したり思考を整理したりして，全員参加の質の高い学びを実現していく，そういった「よい授業」に存在するプロセスや，その学習場面における教師のねらいのようなものだと考えます。

　ここからは，阿部先生のご指摘を踏まえ，5つのテクニックの概要を紹介します。

テクニックその1　「ひきつける」

　授業をしていると，集中力が持続しづらい子，自分の世界に入ってしまいがちな子たちの姿が気になってしまうことがあります。そんなときは「話をよく聞きなさい」「しっかり考えなさい」と言いたくなってしまうのですが，そういった子どもたちも含めてすべての子が授業に参加しやすい環境をつくるためには，「ちょっと待って！！」「何それ！？」「やってみたい！」など，思わず声をあげたくなるような「ひきつける」場面を意識的につくることが大切です。子どもたちの関心や意識を十分にひきつけた状態になっているかによって，説明の伝わりやすさや学習活動へ積極性，学習内容の定着度が大きく変化するからです。

　本書の第3章では，子どもたちの認識のズレをいかした導入（4年「空気と水の性質」）や，挑戦状形式での学習課題の設定（3年「物と重さ」）など，教師の様々な「引き出し」によって子どもたちの関心や意識をひきつけるための工夫を紹介しています。

テクニックその2　「むすびつける」

　複数の事象を比較し，順序性や因果関係といったつながりを考えることが苦手な子は少なくありません。

　「今日学習する内容は自分の生活や身の回りの自然とこういう関係があるのだな」と思わせるしかけや学習内容となる事象に関心をもたせることは，

とても大切です。

「むすびつける」ということを意識して授業展開を考えることで，子どもにとって学習が自分ごととなり，授業への参加度があがるだけでなく，理解の定着にもつながります。「むすびつける」対象は様々ですが，次のようなものが例として挙げられます。

○学習内容と子どもの関心がある分野・得意な分野とをむすびつける。
○授業の導入，展開，終末をむすびつける。
○前時と本時，次時をむすびつける。
○教材と学習内容とをむすびつける。
○友だち同士，友だちと自分の考えをむすびつける。

クラスの気になる子がどのような「むすびつける」を苦手としているのか，あるいは得意としているのかを見取ることで，その子たちにあった授業展開を考えることができるのです。

テクニックその3 「方向づける」

授業では，話し合いの論点や問題解決のポイントをぶれさせないための方向づけを行う必要があります。子どもたちの主体性を維持しながら授業を方向づけていくためには，教材の選択や発問の仕方にも工夫が必要です。単に「今日は53ページの実験をします」と教師が一方的に宣言をしたり，「気づいたことを何でも話し合いましょう」とあいまいな問いかけをしたりすることが続くと，子どもたちは意欲的に学習に取り組むことが難しくなります。

そこで，子どもの関心が焦点化するような教材を用意したり，クローズド・クエスチョンを活用して答えを選択式にしたりすることが大切になります。

テクニックその4 「そろえる」

　これは「共有化」とも呼ばれており，ユニバーサルデザインの視点から授業づくりに取り組む際に最も特徴的な部分でもあります。「そろえる」と言うと，授業の最後に知識・技能の習得の度合いを保障するという部分を思い浮かべやすいかもしれませんが，学習過程で意識することがとても大切です。

　そもそも，子どもたちの生活経験や先行知識の有無，その豊かさ，知識・技能の習得にかかる時間など，子どもの実態は多様です。そのまま授業を進めた場合には，子ども同士の差が大きくなりすぎ，学習についていくことをあきらめてしまう子や逆に退屈してしまうような子が増えてしまうこともあります。そこで，単元の導入で生活経験の差を補うような活動を設定したり，定期的に知識や意識等のばらつきを一定の範囲にそろえたりすることで，誰も取り残さない授業づくりを目指していきます。

テクニックその5 「わかったと実感させる」

　授業として与えられた時間はとても限られています。例えば，6年の理科では多めに時間数を確保したとしてもせいぜい110時間に届くかどうかといったところでしょう。しかも，1単位時間の授業時間は45分間ですから，1年間で考えると，1日あたり14分未満ということになります。

　この限られた時間で子どもたちの学びを確かなものにしていくためには，わかった，できたという実感を確保し，子どもたちの学習に対する前向きな姿勢そのものを高めていくことが欠かせないのです。

　授業を通して子どもたちが達成感や満足感を味わえるようにすること，これが5つ目の「わかったと実感させる」です。

コラム 行動の「背景」を踏まえた工夫を

　授業をしていると，どうしても指示が通りにくいという子たちがいます。どうして指示が通りにくいのでしょうか。また，どんな伝え方をすればいいのでしょうか。

　このことを「氷山モデル」で考えてみましょう。氷山モデルとは，表に見えるものは，その背景の一部分にすぎないということを表したものです。

　もちろん，「やる気がない」という背景だって考えられます。ただし，その原因には，

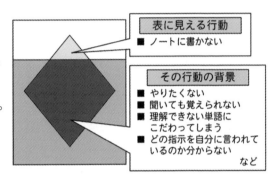

教科に対する苦手意識があるのかもしれませんし，その日，友だちや家族とトラブルがあって気持ちが不安定になっているのかもしれません。そう考えると，教師は，日頃からクラス全体が前向きな気持ちになれるような授業を心がけたり，生活面に対するきめ細かい配慮や言葉がけをしたりすることが大切だと言えます。

　また，やる気はあるのに指示の量が多くて「覚えきれない」ということもあります。そういった場合には，「視覚情報を補足して説明する」「内容を短文で，段階的に話す」などの工夫をすることが有効です。

　その他にも，「指示の途中で出てきた知らない単語にこだわってしまう」「どの指示が自分に言われているものなのかがわからない」など，行動の背景は様々です。教師はそういったことを常に想像し，「しっかり聞きなさい」と言うだけでなく，「言葉の説明を補いながら話す」「指示を出す前にいったん話を止めて子どもたちと目を合わせる」など，子どもたちの特性に寄り添った指導の工夫を重ねていくことが大切です。

第2章

ユニバーサルデザインの
理科授業をつくる
18の「引き出し」

授業づくりにおける
18の「引き出し」について

　第1章で説明したように，本書では理科授業のユニバーサルデザインを具現化するために，「授業の『引き出し』」と阿部利彦先生が指摘されている「授業のUD化5つのテクニック」という2つの視点から単元計画や1単位時間の授業づくりの具体例を示しています。

　「引き出し」とは，様々な「教材」「ツール」「しかけ」であり，5つのテクニックとは，子どもたちが「わかった・できた」と実感する授業に共通して見られるプロセスやその学習場面における教師のねらいのようなものです。

　この第2章では，まず，理科授業で特に有効と思われる18の「授業の『引き出し』」を紹介していきます。

　なお，授業づくりにおいて役立つ「教材」「ツール」「しかけ」ですが，それだけでは単なる道具にすぎません。大切なのは，それを使って何をねらうのか，どのような授業展開や子どもたちの活動を目指すのかをイメージすることです。

　そこで大切になるのが「授業のUD化5つのテクニック」です。

　どんな「引き出し」を使い，どのような授業展開を目指していくのか。その具体例は，単元の流れに沿って第3章で紹介しました。

　今回，それぞれの「授業の『引き出し』」と「授業のUD化5つのテクニック」の組み合わせについて，本書のどのページで紹介しているのかを整理したのが右の表です。

　第2章を読んで，より具体的な場面をイメージしたいときの参考にしてもらえればと思います。

18の授業の「引き出し」と授業のＵＤ化５つのテクニックの紹介ページ一覧

授業づくりにおける18の「引き出し」		授業のＵＤ化５つのテクニック				
		ひきつける	方向づける	むすびつける	そろえる	わかったと実感させる
①	「知っているつもり」へのゆさぶり	P.137				P.129 P.134
②	実生活や身近な自然とのつながり		P.94	P.107 P.143	P.133	P.123
③	さわる／動かす体験		P.129	P.137	P.141	P.83
④	こだわりの課題設定		P.85 P.90 P.101 P.115			
⑤	図表／思考ツール		P.69			
⑥	１人１セットの「マイ○○」	P.117 P.142	P.105	P.125		P.85 P.102
⑦	多様な表現活動を支援する 教室環境			P.91 P.111	P.79 P.127	
⑧	思考や認識のズレ	P.89		P.98	P.110	P.135
⑨	写真やイラスト／動画		P.77 P.110	P.101 P.118	P.81 P.114 P.125 P.133	
⑩	「見えない」しかけ	P.75	P.117			
⑪	選択肢の設定	P.106	P.78 P.93	P.114	P.86	
⑫	ストーリー＆ミッションの設定	P.73	P.109	P.91 P.122		
⑬	クイズ	P.82 P.139		P.121		
⑭	イメージ図				P.126	P.71
⑮	「得意な子」への支援や配慮	P.131	P.138			
⑯	ナンバリング＆ラベリング			P.69 P.87		P.71
⑰	スモールステップ化				P.97	P.73
⑱	差異点と共通点		P.141	P.94		P.99 P.113

引き出し①
「知っているつもり」へのゆさぶり

「知らなかった！」「確かめたい！」を引き出してから学習をスタートする

　「引き出し」の１つ目は，「子どもの『知っているつもり』をゆさぶる」ということです。

　人は見ているようでいて見ていない，知っているようで知っているつもりになっているだけ，ということがあります。しかし，「そんなの知っているよ」という気持ちでいるうちは，意欲も高まりません。ですから，その「知っているつもり」にゆさぶりをかけることで，「あれ，どうだっけ？」「わからないことがくやしい！」「調べて確かめたい！」という気持ちを引き出します。

子どもの意識を焦点化する

　生命・地球の領域では，野外へ出て昆虫や植物の観察を行う機会がたくさんあります。その際，漠然と「よく見て観察しましょう」と投げかけても，子どもたちの意識が散漫となってしまい，学びが浅い状態で終わりがちです。そこで，普段見逃しがちなものやステレオタイプな先入観ができてしまっているようなものの見方に気づかせるのも１つの方法です。

　例えば，野外へ観察に行く前に，イチョウの葉っぱの形を子どもたちに描かせてみます。もちろん，「何度も見たことがあるはずなのに描けない」という子もめずらしくありません。これも，「知っているつもり」の１つです。

　運よく描けた場合は，次のページの①のような形であることが多いと思い

ます。そこで，あらかじめ拾っておいたイチョウの葉っぱを子どもたちに見せます。教室の広さによっては，写真を大型モニターに表示する形でも構いません。

　すると，子どもたちは，②や③のように，割れている部分の数や葉っぱの広がり方など，様々な形があることに驚きます。そのうえで，「どんな形のものがあるかみんなで調べに行こう」と投げかけ，実際の観察を行います。

　自然観察では，他にも「木の枝の先端はどうなっているのか」「葉っぱの裏と表は，どのように違っているのか」など，視点は様々考えられます。「知らない」「わからない」に気づかせることで，子どもたちの意識が焦点化し，集中力がぐっと高まります。

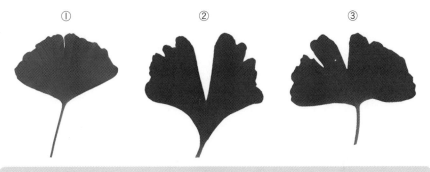

学習の終盤におけるゆさぶりで確かな理解を図る

　学習のスタート時点ではなく，逆に終盤にゆさぶりをかけることが有効な場合もあります。それは子どもの素朴概念が根強く，その修正を繰り返し行うことが大切な場合です。特にこだわりが強い子の場合，生活の中で根付いてしまった素朴概念を一度の観察や実験で修正するのは簡単なことではありません。酸素と空気の違い，蒸発と沸騰の違いなど，子どもが勘違いしやすいような内容については，一部の条件を変えた追加実験を行い，理科的な見方，考え方にもとづく確かな理解を図っていくことが大切です。

◀ あれはそういうことだったのか！▶

引き出し②
実生活や身近な自然とのつながり

感動や驚き，有用感のある授業づくりを

　理科学習への関心や意欲を引き出す方法の1つは，子どもたち自身の生活や身近な自然にあるものとのつながりを意識した授業づくりをすることです。それまで当たり前に見ていた自然事象の仕組みに気づいたときに得られる感動や驚き，実生活に役立つという有用感等が，理科の学習に取り組む楽しさにつながり，日々の授業が活性化していきます。

つながり①「実生活や身近な自然の教材化」

　具体的な「つながり」の1つ目は，実生活や身近な自然の教材化です。
　例えば，5年「流れる水の働きと土地の変化」では，川の上流と下流にある石の大きさや形の違いを見比べるという場面があります。
　教科書にも，川や川の石の写真が掲載されており，それを見ながら学習を進めることはできますが，名前も知らないどこかの川の写真を見て答えるだけでは，どうしても単調な授業になりがちです。そこで，身近な川の水と石を使った石の摩滅実験を授業に取り入れます。具体的には，まず，地域を流れている川の上流へ行き，水を汲むとともに，石を拾ってハンマーで2〜3cmほどに砕いておきます。そのうえ

32

で，授業では「石が濁流で流されたときの状況を再現する」という課題を設定します。実験は，水と砕いた石を一緒にペットボトルへ入れ，それを交代で振り続けるだけという簡単なものです。数分もすれば，水が濁り，砕けた石の破片が見えてくるため，子どもたちも大喜びです。実験前にあらかじめ石の写真を撮影しておくと，摩滅実験後の石との比較もしやすくなり，大き

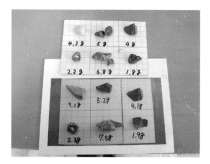

さや丸さといった上流と下流の石の違いを実感することができます。

　もちろん，実験は水道水と校庭の石を使って行うことも可能です。しかし，実際の川の水とその場所の石だからこそ，子どもたちにとってリアリティが生まれ，学習の面白さが増すのです。

つながり② 「学びを実生活にいかす」

　「つながり」の２つ目は，学習内容を実生活にいかすということです。

　ポイントは，いかに子どもたち自身が「役立つ」「便利だ」と実感できる活動を設定できるかです。この点で，防災教育との関連は有効な手立ての１つとなります。先ほどと同じ５年「流れる水の働きと土地の変化」を例に考えてみましょう。この単元では，川の湾曲部等における浸食について学習し

ています。そこで，その知識をいかしたオリジナルの「洪水ハザードマップ」を作ることにします。「ここは川が曲がっているから危ないね」「でも山があるから水は反対側にあふれるかな」それまでの知識と経験を振り返りながら活動することで，知識

や理解の深まりとともに，理科学習の有用性を実感することが，その後の学習意欲を大いに高めてくれます。

＜ 五感を使って学ぼう！ ＞

引き出し③

さわる／動かす体験

五感を働かせながら学習する

　言語のみで暗記しようとする学び方に比べ，五感を働かせた方が，学習内容の定着が早かったり時間がたっても忘れにくかったりする傾向があります。外国語を覚えるときに黙って見るだけでなく声に出したり，算数で具体物を操作しながら計算をしたりする学習方法が効果的なのも同様です。

　そこで，「五感を働かせる」ことの１つとして，実物に手でさわる，あるいは器具等を動かしながら学ぶことのできる場の設定，教材の準備などがとても大切です。

気づきの幅を広げる

　観察や実験では，触れたり動かしたりすることで初めて気づくものもあります。例えば，この本では第３章の６年「電気の利用」において，手回し発電機や豆電球など，単元で使用する様々な実験器具を第１時で用意し，自由に使いながら気づいたことを話し合い，学習計画を立てるという例を紹介しています。

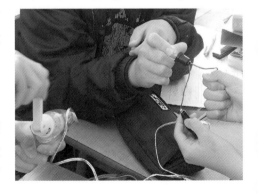

　その際，豆電球として自転車用の豆電球（2.4Ｗ）や，一回り大きいナツメ球（５Ｗ）を用意して

おくと，光らせている途中の電球に触れることで，発熱という現象に気づく子どもが出てきます。また，手回し発電機に様々な器具をつないだり取り外したりする中で，器具によって手ごたえが異なることに気づく子もいます。

これらは，その後の学習にもつながっていく貴重な気づきですが，さわる，動かすという体験の場が確保されているからこそその気づきと言えます。

見てさわって実感できる実物図鑑づくり

理科の学習内容には，数字を含めた文字だけでは実感が難しいものがあります。そのようなものについては，実物を用意し，見たりさわったりしながら確認できるようにすることが大切です。

例えば，6年「土地のつくりと変化」では，泥，砂，礫の違いについて学習します。ところが，「砂は直径0.06mm〜2mmでさわるとざらざらしている」「泥は直径0.06mm以下でさわるとさらさらしている」と数字や文章だけで示されても，子どもたちには実感しづらいうえに，子どもごとの数量感覚や空間認知の癖により，具体的なイメージには，かなりズレがあります。

教科書には写真も掲載されていますが，質感を実感するためには，やはり実物に触れるのが一番です。

また，用意した泥，砂，礫については，ボンドやテープで紙に貼り付けてオリジナルの実物図鑑を作成すると，後から繰り返し触れて確認することもできます。

観察や実験では，「見る」という視覚情報が中心になることが多いのですが，そこに「さわる」「動かす」という感覚が加わることで，学びがより確かなものになります。

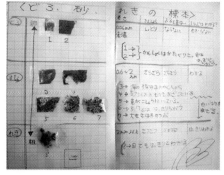

＼ 子どもとつくる！　子どもと解決する！ ↗

引き出し④

こだわりの課題設定

知的好奇心を引き出し，質の高い学びへ導く課題設定

　課題設定は授業の出発点であると同時に，学習の方向性を決める大きな分岐点でもあります。ユニバーサルデザインの授業づくりでは，子どもたちの「どうなっているのだろう」「調べて解き明かしたい」という知的好奇心を引き出し，質の高い学びへと導く「こだわりの課題設定」が欠かせません。そこで，課題設定を行う際には，次のような点を意識していきます。

○問いをもつのに必要な基礎体験が全員に確保されているか。
○子どもにとって探究の必然性がある問いとなっているか。
○多様な見方，考え方ができる課題になっているか。

神は細部に宿る!?　表現１つにもこだわりを

　課題設定における表現の些細な差が，その後の授業展開自体を大きく変えてしまうことはめずらしくありません。そこで，課題設定を行う際には，子どもたちの実態を踏まえて，「どのような資質・能力を育てたいのか」「どのような学習展開を期待するのか」ということを考え，表現の調整をすることも大切です。
　このことについて，４年「空気と水の性質」を例に考えてみましょう。この単元では，実験用の注射器や空気鉄砲の筒に空気を閉じ込め，体積と手ご

たえの関係を調べる場面があります。その際の課題としては，次のような2種類の表現が考えられます。

---

①閉じこめられた空気は圧されると，どのようになるのだろうか。

②閉じ込めた空気を圧したとき，空気の体積や手ごたえはどのようになるのだろうか。

　このうち，①は「圧される」というように，空気の視点からの表現になっています。そのため，その後の授業で擬人化した空気のイメージ図を描かせたいときにおすすめです。想定される回答は「小さくなる」「途中で固くなる」「温度が高くなる」など，解答の自由度が高く，教師が思っていなかったような視点が子どもから出やすい課題です。一方，②は「体積」「手ごたえ」という視点があらかじめ提示されています。そのため，その後の実験で注目するポイントもわかりやすくなり，論点の焦点化にもつながります。

　2種類の課題については，どちらかが優れているというものではありません。大切なことは，子どもたちの実態に応じて課題を選択するという授業づくりの姿勢です。

スタートに応じたゴールを意識する

　課題設定を行ったら，それに対応した表現や文型で考察やまとめを行うことも大切です。これについては，「課題」を質問者，「まとめ」を回答者の言葉と考えるとイメージがしやすくなります。例えば，課題が「乾電池の向きを変えるとモーターの向きが変わるのはなぜだろうか」であれば，まとめは「モーターの回る向きが変わるのは，乾電池の向きを変えると電流の向きが変わるためである」となります。

　慣れないうちは文末表現をみんなで話し合ったり，穴埋め形式にした文型を提示したりすると考えやすくなります。

引き出し⑤

図表／思考ツール

デジタル版の登場で一気に便利に

　結果の整理や考察など，記録や話し合いを行う際には図表や思考ツールを活用すると，より多くの子どもたちが参加しやすくなります。図表とは，文字通り図や表のことで，グラフも図表の1つです。また，思考ツールというのは，分類する・比較する・関係付ける・順序立てるなど，様々な思考スキルを働かせる際に情報や考えを整理するための道具です。ここでは「図表」と並べて紹介していますが，表は思考ツールの一種でもあります。最近は，子どもたちのタブレットに入っている学習用アプリケーションの機能に組み込まれていることも多く，気軽に使いやすくなってきました。

ユニバーサルデザインの視点から考える 思考ツール活用のメリット

　多様な個性の子どもたちが参加し，学ぶことのできる授業を目指すという視点から図表や思考ツールを使うことのメリットを考えると，次のようなことが言えます。

①情報を単純化できる。
②情報の関係性を視覚化できる。
③短時間で多くの子がアイデアや意見を表現できる。
④自分のペースで思考し，断片的な情報でも話し合いに参加できる。

まず，①の情報を単純化できるとは，複雑な物事や考えを把握しやすい簡単な形に整理できるということです。長い文章からキーワードだけを抜き出したり，大きな物事をいくつかの小さな物事に分けて整理したりすることができます。

　また，②に挙げたように，単純化した情報同士の関係性を視覚化できることによって，子どもたちが情報を理解しやすくなり，それによって新しい視点に気づいたり，考えを深めたりしやすくもなります。

　それらを比較的短い時間でできることもメリットの1つです。一人ひとりが口頭で説明する方法と異なり，付箋への記述はグループや学級の全員が同時進行で作業を進められるため，時間に制約がある場合でもすべての子がアイデアや意見を表現することが可能です。

　また，はじめに付箋やカードを書く時間を設定することで，それぞれが自分のペースで考えを整理することができ，アイデアの多少や考えのまとまり具合にかかわらず，その後の話し合いに参加することも可能です。

思考スキルを意識してツールを選択する

　図表や思考ツールを活用する際のポイントは，働かせたい思考スキルを明確にして，相性のよいものを選択することです。例えばXYチャートを使って子どもたちの様々な気づきを観点ごとに分類する，ステップチャートを使って実験の手順を話し合うなど，活動に応じたツールを選択していきます。

　なお，学習指導要領では，思考スキルを「考えるための技法」と呼んでおり，「順序付ける・比較する・分類する・関連付ける・多面的に見る・多角的に見る・理由付ける・見通す・具体化する・抽象化する・構造化する」などは，小学校の各教科等で活用しやすい技法だと考えられます。

　これらについては，学校全体で共通理解を図り，継続的，段階的に子どもの思考力を育成していくことが大切です。

引き出し⑥
....

１人１セットの「マイ○○」

フリーライダーにさせない工夫を

　共同作業を進める際，人数が増えるほど１人あたりの課題遂行量が落ちてしまうという現象があります。これは「リンゲルマン効果」と呼ばれており，そのまま放置すると，集団の成果にただ乗りする「フリーライダー」が増加するなど，より集団のパフォーマンスを低下させる問題が生じやすくなります。

　これを防ぐためには，集団内における各自の役割や成果に対する評価を明確にするなど，いくつかの方法がありますが，理科の観察や実験においては実験器具を人数分そろえることで，そもそもグループ活動ではなく個人の活動として取り組めるようにすることも効果的です。

身近な材料で手作り実験キットを作成

　実験器具の数をそろえるための予算が足りないというのは，多くの学校における共通の悩みだと思います。そんなときには，身近な材料を使った手作り実験キットを作成します。

　例えば，６年「てこの規則性」では，てこを傾ける力の大きさの変化や規則性を調べていきます。その際，ペットボトルに竹ひごを通し，そこに目玉クリップ

と平棒をつけることで，コンパクトな「マイ実験用てこ」を作成することができます。このてこは，めもりをつけて「マイ天秤」に進化させたり，単元の最後に取り組むおもちゃづくりの材料にしたりといった使い方も可能です。

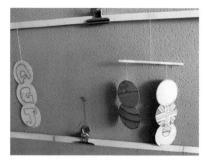

　高価な実験器具も，調べてみると手作りの代用品が用意できるということはめずらしくありません。一人ひとりが道具に愛着をもって学習を進めていけるというのも，個人の手作り実験キットを用意することの魅力です。

「グループで人数分」を用意する

　「１人１セット」ではなく，「グループで人数分」という用意の仕方が望ましい場合もあります。

　例えば，５年生では，動物の誕生を学習するために，メダカの飼育を行います。その際におすすめなのは，メダカ１匹につき１つのペットボトル水槽を用意し，「グループで人数分」のメダカを飼うことです。

　「１人１匹と同じことじゃないか」と思うかもしれませんが，「１人１匹」という設定で飼育をはじめてしまうと，メダカのつがいを作る際に参加できない子が出てきてしまいます。あくまでも「グループのメダカ」という設定で飼育をはじめることで，どのメダカに対しても責任感や愛着をもてるようになります。

　なお，どれほどていねいに飼育しても，一定数のメダカが弱ってしまったり，死んでしまったりすることは避けられません。はじめに１匹ずつのメダカを別の水槽で飼育することは，弱いメダカの体力を保持したり，病気が広がってメダカが全滅したりすることを防ぐ効果もあります。

引き出し⑦

多様な表現活動を支援する教室環境

得意な情報の発信方法や受け取り方は人それぞれ

　どの感覚から得た情報を使うことが得意かという脳の特性を，「優位感覚」と呼び，これは，「覚える」というインプットの場面だけでなく，「思い出す」「表現する」など，様々な学習場面にも影響を与えます。

　そこで，意見や考えを発表したり交流したりする際には，一人ひとりにとって表現活動がしやすい状態になるよう，あらかじめ自由に使えるツールを用意しておくことが大切です。

その場ですぐに拡大表示ができる環境を

　1人1台のタブレット端末，大型テレビやプロジェクター等の整備が急ピッチで行われ，写真や動画を拡大して提示できる環境が全国で整ってきました。これらのICT機器の最大の活用方法は，「画像や動画等の拡大表示ができること」だと思います。そこで，テレビ等にあらかじめ接続コードをつなげておくなどして，即座に表示ができるような環境を整えておきます。ノートやメモの写真を拡大表示しながら説明する，あらかじめ録画した動画を流すことで発表を行うなど，各自の使い方が自由にできる教室環境にすることが大切です。

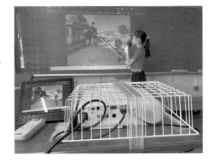

マイホワイトボード，グループホワイトボードの活用

　タブレット端末にインストールされているアプリケーションには，グループ等での話し合いに使うホワイトボードのような機能が含まれていることが多いと思います。

　話し合いの場では音声言語だけでなく，そういった機能を使ったり，手書きのホワイトボードを自由に使えるようにしておいたりすると便利です。ホワイトボードについては，クリアファイルとキッチンペーパーをボードとイレーザーにすることもできます。

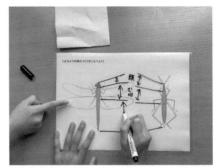

人前で話すことのハードルを下げる

　得意なことをいかすだけでなく，苦手なことを補うという視点での工夫も大切です。例えば，大勢の視線を集める状態で声を出すのが苦手という子どもたちがいます。そのような場合は，自分の席で座ったまま話すことをクラスのルールとして認めたり，ワイヤレスマイクを用意しておいて使用できるようにしたりするのもおすすめです。人前で話すことの心理的，物理的なハードルを下げることで，自分の今の声量でも「言い直し」を求められることなく安心して表現できる環境づくりを心がけていきます。

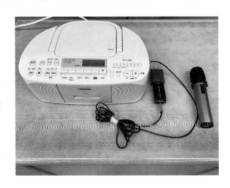

引き出し⑧
....

思考や認識のズレ

３つの「ズレ」に着目して授業づくりを行う

　次の引き出しは，子どもたちの思考や認識の「ズレ」をいかすということです。このズレは，子どもたち一人ひとりがもつ生活経験，先行知識，物事の考え方などによって生じる差異です。

　理科の授業づくりで着目したい思考や認識の「ズレ」としては，次のようなものがあります。

---

①素朴概念と自然事象とのズレ
②子ども同士における意見や考えのズレ
③知識と実感とのズレ

素朴概念と自然事象とのズレ

　素朴概念とは，日常生活や経験をもとに形成された概念です。科学的な事実とのズレがあることから，誤概念と呼ばれることもあります。しかし，素朴概念には子どもなりの思考や感覚が反映されており，頭ごなしに否定するのではなく，むしろ実際の自然事象とのズレをいかしながら単元の導入を行ったり，予想や課題解決の方法を考えたりすることが大切です。

　３年「物と重さ」の単元を例に考えてみましょう。子どもの中には紙の切れ端や短い糸のように，ごく小さい物や軽い物については，重さがないとい

う素朴概念をもっている子がいます。そこで，単元の導入時に「どんなに小さな物でも重さはあるのだろうか」と問いかけ，糸くずや紙きれなど，子どもたちが「重さはなさそう」と感じる物について，厚紙，まち針，ストローで作った「ストロー天秤」を使って重さ調べを行います。

　実験を通して，子どもたちは，小さな紙きれや糸くずがストローを傾ける様子に驚いたり感動したりするとともに，「重さ」の存在を実感し，その後の学習への期待を高めることができます。素朴概念と自然事象とのズレがあるからこそ引き出せる驚きや感動があるのです。

子ども同士における意見や考えのズレ

　学びを深めて確かなものにしたり，新たな考えを形成したりするためには，自他の意見や考えを比較しながら自分の考えを整理することが大切です。その際に役立つのは，意見や考えが食い違う部分です。

　なお，子ども同士における意見や考えのズレは，単に正解かどうかにこだわるのではなく，「なぜそう考えたのか」に着目することが大切です。

知識と実感とのズレ

　素朴概念は非常に強固で，観察や実験を通した学習後にも完全に修正しきれていないことがめずらしくありません。例えば，4年「金属，水，空気と温度」では，水が気体になったものが水蒸気であること，水蒸気が冷えて小さな粒となり湯気として見えることを学びます。ところが，学習後も湯気を「気体」と答えてしまう子が少なくありません。

　これは，頭で理解した「知識」に十分な実感が伴っておらず，ズレが生じている状態です。そこで，このズレに着目し，視点を変えた追加実験や振り返りを行うことで，子どもたちの記憶に残る印象的な学びの場をつくることができます。

引き出し⑨
写真やイラスト／動画

視覚的な情報を加えた「授業の多感覚化」を

　視覚，聴覚，嗅覚，触覚，味覚という五感のうち，視覚から得る情報の割合は約8割を占めるといわれています。この8割という数字の妥当性については議論が必要ですが，視覚から得る情報量の多さという点については疑う余地がないでしょう。また，写真やイラスト／動画による視覚情報は，「拡大や切り取りなど，授業に合わせたしかけを行いやすい」「データの保存による蓄積や共有を図りやすい」といったことも特徴の1つです。

　もちろん，視覚的な情報があればそれでいい，ということではありません。大切なのは，視覚的な情報も加えた「授業の多感覚化」を図り，視覚的な情報も考える手がかりにできるようにするということです。

演出を加えて「魅せる」

　資料の提示方法やタイミングを工夫し，「魅せる」見せ方を心がけると，普段は授業に集中しづらい子どもも学習活動への関心が高まり，クラス全体が盛り上がります。そのような提示方法の例を3つ紹介します。

①一瞬だけ見せる

　「よーく見てね」と前置きして，絵やイラストを一瞬だけ提示します。「わからない！」「もっと見せて！」子どもたちの声に応じて少しずつ見せる時間を延ばすことで，集中できていなかった子も，いつの間にか参加するようになっていきます。

②隠れた部分を予想させる

注目させたいところだけを隠して，何が隠れているかを予想させます。その後の学習展開を踏まえて隠す場所を決めることで，児童の思考を焦点化させることができます。

③一部の子にだけ先に見せる

「数量限定」と言われるとなぜか欲しくなる，という心理があると思いますが，これをいかした見せ方です。先に見た子にヒントや感想を発表してもらうことで，その他の子の関心をより高めることもできます。

動画を活用して振り返りの質を上げる

シャッターチャンスを逃すと取り返しがつかない写真と異なり，変化の様子を記録し続ける動画は，振り返りたい場面を自由に確認することができます。また，音やアナウンスを記録することで，その場の様子をいきいきと再現できるのも動画ならではのよさです。そこで，次のような場面では動画の撮影を行い，その後の学習で活用するようにします。

①決定的な瞬間を後から振り返って確認したい場合

例えば３年「太陽と地面の様子」では，導入時に「かげふみあそび」を行い，その振り返りの中で影の方向が一定であることや，太陽と影の位置について気づかせていきます。その際，動画を再生し，影の様子を実際に確認しながら気づきを共有することで，実感を伴った理解がしやすくなります。

②スピードが速くてわかりづらいものを確認したい場合

実験をしたものの，スピードが速すぎて様子がよくわからなかったり，人によって観察しづらい角度になってしまったりすることがあります。そこで，ベストポジションを動画の撮影者が確保し，実験後に全員でスロー再生やコマ送りをすることで，全員がじっくりと観察することができます。

引き出し⑩

「見えない」しかけ

バラエティー番組で見かける「めくり」の効果

テレビのバラエティー番組で，司会者がフリップボードに付いている「めくり」をはがしながら解説していくのを見かけることがあります。これは，重要な部分や解答などをあえて「見えない」状態にすることで，情報を段階的に伝えるとともに，視聴者の想像力を膨らませ，話題に対する関心を高める演出上の工夫です。人は簡単に手に入らない物ほど欲しくなるという心理をもっており，はじめから見えている多くの部分よりも，一部の見えない部分に興味を抱くのです。

授業でも，この「見えない」状況を意図的につくり出すことで，子どもの関心を高めたり，ある方向性へ導いたりしていくことが大切です。

一緒に考える土台をつくってから キーワードや重要語句について考える

フリップボードの「めくり」は，課題の設定，実験の手順や準備物の確認など，様々な場面で活用が可能です。紙で作成してもいいのですが，プレゼンテーションソフトを活用することで手軽に用意することができます。

その際，大切なことは，キーワードや重要語句など，特に意識させたいものを「隠す」こと，それ以外の部分をていねいに確認しておくことです。はじめから見えている部分を全員で確認したうえで，「隠された部分にはどんな言葉が入ると思うかな」と問うことで，どの子にとっても考えやすく，関心が高まりやすい授業展開となります。

情報量を絞って児童の視点や思考を焦点化する

　写真や動画は魅力的な教材ですが，情報量の多さによって子どもたちの視点や思考が拡散してしまうということもあります。また，見たい対象を他の部分と区別することが苦手な子にとっては，かえってわかりづらいことがあります。そんなときは，余計なノイズとなる部分のみを「見えない」状態にするのがおすすめです。具体的には，次のような方法があります。

①背景や周囲の部分を隠す

　マスキングをしたり，注目したい部分を拡大したりして，必要な部分だけを提示するようにします。最近はパソコンのアプリケーションも進化しており，写真から中心となる被写体だけをクリック1つで切り抜くような機能も備わっていることがあります。この場合，あらかじめ，画用紙など単色の背景で写真を撮影しておくと，パソコンでの切り抜き作業がより楽になります。

②細部を隠す

　昆虫の体のつくりに注目させたいときに，シルエットのみが描かれたイラストを使ったり，色の情報が不要な場合にあえてモノクロの写真を使ったりするなど，細部に関する余計な情報を省いてシンプルな資料にします。シルエットについては，「①」と同様に被写体だけを切り抜いた後，画像の「明るさ」を最大限まで下げることで作成することができます。

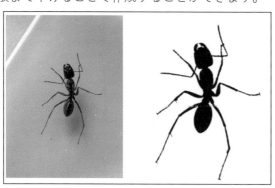

引き出し⑪
....

選択肢の設定

「自由」は意外と難しい

　「自由に意見を言ってごらん」と言うと，どう考えていいかわからなくなってしまうという子はめずらしくありません。自由度の高さは，必ずしも考えやすさにはつながらないのです。

　また，話し合いの場では話題が広がりすぎたり論点があいまいになったりして，学びが深まりづらくなることもあります。

　そんな場合は，選択肢の設定により，考えるきっかけをつくったり論点を明確にしたりすることが大切です。

選択肢は２択〜３択に絞る

　選択回避（決定回避）の法則と呼ばれる現象があります。これは，「選択肢が多すぎると人は選べなくなる」という心理効果を指すものです。

　授業で設定する選択肢の数についても同様で，最終的な意思決定をする時点では，ある程度の数に絞った方が決断をしやすくなります。内容にもよりますが，その後の論点を焦点化することを考えると，２択〜３択程度に絞るのがおすすめです。

　なお，その際に「どうしても自分の考えと選択肢とが一致しない」という強いこだわりを示す子がいることもあります。その場合，「その他」という考えを認めることを前提にしておくと，どの子も納得して学習に参加しやすくなります。

話し合いを通して選択肢を設定する

　選択肢については，教師が一方的に示すのではなく，子どもたちの話し合いを通して設定することもできます。その場合，次のような流れで授業を進めます。

---

①口頭での話し合いを通して選択肢を設定する。
②選択肢の中から１つを選び，理由とともにノート等に記録する。

　上記の流れのうち，①はアイデアが豊かな子や学習が得意な子が中心となって活躍することが多い場面です。一方，②では，話し合ったことをもとに，全員が自分の予想を選択します。その際，理由は話し合いで出された友だちの意見を参考にしてもよいこととします。このような２段階の学習過程を経ることで，判断の基準や根拠についてていねいに考えることができ，より多くの子が自分なりの考えをもち，学習を進めることができます。

学習活動の「種類」や「順番」を選択肢から選ばせる

　学習を子どもにとっての「自分ごと」にする方法はいくつかありますが，その１つは学習活動の種類や順番についての選択権を子どもたちにゆだねるということです。「何をするのか」「どのようにするのか」，そういったことを子どもたち自身で考えさせ，選択させることで，子どもたちの思いや思考と学習活動が一致し，学習意欲が高まるからです。

　そうは言っても，すべてを子どもたちが自由に考えるとなると，話し合いに時間がかかりすぎたり，事前の準備や安全管理等が難しくなったりする傾向もあります。そこで，選択肢の設定により，一定の質や安全を維持しつつ，主体的な学習活動に取り組む環境を整えていきます。

引き出し⑫
....
ストーリー＆ミッションの設定

子どもたちは遊びの天才

　子どもたちは遊びの天才です。鉛筆１本，消しゴム１つからでも空想の世界をつくり出せますし，様々な遊びを通して学び，成長していきます。そこで，子どもの特性をいかしながら授業づくりを行うのであれば，授業にちょっとした「遊び心」を取り入れることが効果的です。

　その例として，ここでは，その日の授業や単元に「ミッション」や「ストーリー」を設定する方法を紹介します。

「ストーリー」や「ミッション」を設定するとは

　例えば，６年「水溶液の性質」の単元を例に考えてみましょう。この単元では，炭酸水や薄い塩酸，薄い水酸化ナトリウム水溶液などを取り上げながらそれぞれの性質や溶けている物について学習します。また，その過程で，水溶液を見分けるための技能としてリトマス紙の使い方や溶質の取り出し方などを学んでいきます。

　そこで，単元の冒頭にラベルが貼られていない水溶液を６種類提示し，「みんなにお願いがあります。理科で使う水溶液を整理していたのですが，うっかり瓶にラベルを貼り忘れてしまいました。みんなの知恵と協力で，それぞれが何の水溶液か，調べてほしいのです」と投げかけます。この場合，「ラベルを貼り忘れてしまった」ということが「ストーリー」であり，「そんな先生を助ける」というミッションが設定されていることになります。

子どもの興味関心を高めるためには，学習内容が子どもにとっての「自分ごと」になっていることが重要です。ところが，限られた授業時間の中で，学習内容を網羅した単元計画を立てようとすると，「なぜその観察や実験をするのか」という子どもにとっての必然性が薄い展開になってしまう場合があります。そうなると，学習活動が子どもにとってやらされ感の強い「作業」になってしまい，子どもの意欲も高まりません。

　そこで，「ストーリー」や「ミッション」を設定することにより，学習活動の必然性を生み出し，子どもたちの参加度を上げることが大切です。

挑戦状形式で課題設定を行う

　ミッションの設定の仕方として，「挑戦状形式」にするという方法があります。「挑戦状形式」というのは，毎時間，ある人物からクラスに挑戦状が届いたという設定で学習課題を提示するものです。

　挑戦状を出すのは「怪人○○」や「探偵□□」のように架空の人物でも，別のクラスの先生や校長先生といった実在の人物でもどちらでも構いません。「挑戦」ではなく，「依頼」でも大丈夫です。

　大切なのは，「謎を解き明かす」という，子どもたちにとってわくわくするような世界観をつくり出すことです。

キャラクターの設定で盛り上げる

　ストーリー＆ミッションの設定にあたっては，ストーリーに登場するユニークな「キャラクター」を考えておくことで，子どもたちがより楽しめるようになります。また，キャラクターのイラストや写真を用意しておくと，設定された世界観をイメージしやすくなります。写真は，子どもたちが知っている先生に変装をしてもらうのもおすすめです。

授業に「遊び心」を！（その2）

引き出し⑬
クイズ

クイズを取り入れることの学習効果

　授業に「遊び心」を取り入れる例の1つとして，学習内容に関するクイズを行うことも効果的です。「問題を解きましょう」と言われると憂鬱な表情をしがちな子どもも，「クイズを出します」と言われると目を輝かせて参加しようとします。クイズには，過去の体験で蓄積されてきた「楽しい」という感情を想起させる効果があるためではないかと思います。なお，学習の中でクイズを取り入れるメリットとしては，次のようなことが考えられます。

○子どもの理解度や素朴概念の状況を把握することができる。
○前向きで活気のある雰囲気をつくり出すことができる。
○問題や解答を聞こうとするために集中力が高まる。
○楽しみながら既習事項を振り返る機会となる。
○クイズに正解した場合に自信が向上する。
○解答やその理由を聞いたときに納得感や満足感を得られる。

効果的なタイミングで「スパイス」として取り入れる

　授業の中で，最もクイズを取り入れやすいタイミングは導入時です。学級には，「楽しそう」と思えるかどうかが，そのまま学習の集中力に反映してしまう子どもたちがいますが，そういった子たちの気持ちを前向きにするた

めにも，導入時のクイズはとても効果的です。さらに，クイズの解答をその場で提示するのではなく，学習の中で確認していくという形で授業を行うと，その後の集中力がより持続しやすくなります。その場合，答えの最終確認を授業の最後に行って，まとめの代わりとすることもできます。

　もちろん，導入以外の場面でクイズを取り入れることもできます。特に，子どもたち自身がクイズを考えるという活動を設定する場合には，単元の最後などに設定するのが効果的です。学習効果を考えて，授業を盛り上げるスパイスとして取り入れていくことが大切です。

「クイズっぽさ」を演出する一工夫

　「問題を解く」ではなく，「クイズを解く」という雰囲気を大切にしたいときには，「クイズっぽさ」を演出する技を知っていると便利です。次の文書を読み比べてみてください。

---

①空気中で最も多く含まれている気体は何でしょうか。

②空気中で最も多く含まれている気体は…窒素，ですが，２番目に多く含まれている気体は何でしょうか。

③空気中に含まれる二酸化炭素の量は意外に少なく，大部分は酸素と窒素で占められています。では，酸素と窒素のうち，空気全体の78％を占めるのはどちらでしょうか？

　上記のうち，①は聞きたいことをそのまま伝えていますが，②は別の内容に触れてから本当の問題を提示する「フェイント型」，③は補足的な解説を加えながら出題する「補足説明型」です。②，③のように，言い回しを少し変えるだけで，ずいぶんクイズらしくなります。

　また，ICTを使う環境が整っていれば，答えを書いたカードを学習用ソフトで「提出」して，クイズ番組のように一斉表示する演出も可能です。

引き出し⑭

イメージ図

言葉だけで説明するって，実は難しい！！

　理科の学習では，自分の予想や考えを表現する場面がたくさんあります。しかし，頭に浮かんでいる視覚的な事象を言葉だけで正確に伝えるのは，情報を発信する側と受け取る側，双方の言語感覚や能力が影響するために意外と難しいものです。そこで，図や絵を使って表現するということが大切になってきます。

言葉と絵をセットにして間違いを防ぐ

　4年「金属，水，空気と温度」では，ビーカーに入れた水の温まり方について「温まった水が上へ移動し，上から順に温まっていく」ということを学びます。言葉での説明はこの通りなのですが，この温まり方を子どもが図に表すと，次のような例が出てきます。

① 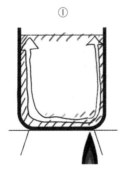　②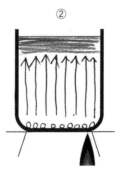

①は熱がガラスによって伝わるということを強く意識している子どもの図です。これは，前時までの学習で，金属の温まり方を学んでいることも影響しています。

②は，火の位置にかかわらず，全体的に温められた水が上昇しています。生活経験として，家庭のコンロ等で鍋の水を温めたときの沸騰の仕方を思い出していることも影響しています。

言葉だけの説明では，細かい部分が間違って伝わったり，理解が漠然としたまま学習を進めてしまったりすることもありがちです。「一見は百聞に如かず」と言いますが，図を活用することでイメージのズレが明確になり，学びが確かなものになっていきます。

イメージ図の指導における「こだわりポイント」

図やイラストを描く際には，次のようなことを「こだわりポイント」として子どもに伝えます。「こだわりポイント」とは，「長い矢印は移動のスピードが速いことを表している」のように，なぜそのような描き方なのかという理由や意味を考えるポイントです。

○色	○大きさ	○形	○向き
○太さ	○数	○表情や顔つき	

最後の「表情や顔つき」というのは，図に登場する物質をキャラクターのように擬人化して表現するときの視点になります。「空気くん」が閉じ込められた状態で圧されたときに怒っていたり，温められて大きくなるとほっぺたがぷっくりしていたりする様子になります。科学的な概念という視点からは是非についての意見が分かれる表現方法ですが，発達段階を踏まえた過渡的な学習方法として，ぜひ取り入れていくべきだと思います。

引き出し⑮

「得意な子」への支援や配慮

得意な子や作業の速い子が楽しさや納得感を得られる工夫を

　ユニバーサルデザインの視点から授業改善を図る際には，理科が苦手な子やスローラーナーだけでなく，得意な子や知識が豊富な子，ファーストラーナーたちが楽しさや達成感を得られる工夫をしていくことも大切です。

活動内容を2段階にした指示を出す

　授業中，子どもによって作業スピードの差が大きく，早く終わってしまった子が退屈してしまうということがあります。「終わったら静かに待ちましょう」という指示をすることもあると思いますが，それが繰り返されるとおしゃべりが増えたり，学習意欲自体が下がってしまったりすることにもつながりかねません。

　そこで，「予想をノートに書きましょう。早くできた人は…」と，あらかじめ活動内容を2段階にした指示を出すなど，作業スピードの差を埋めるような指示の出し方を心がけることが大切です。

活躍の場を設定する

　学習者が授業を「楽しい」と感じる時間の1つは，学級の中で自分が活躍できていると思えるときです。そこで，45分間の授業を通して，様々なタイプの子どもたちが活躍できるように，指名の仕方や活動の場の設定も意図的，

戦略的に行うことが大切です。もう少し付け加えると，「得意な子」が活躍できる場面と，誰もが活躍できる場面を意識しながら授業計画を立てたり，授業中の指名を行ったりするのです。

　例えば，本書で紹介している「引き出し」の1つに，選択肢の設定があります。この選択肢を子どもの話し合いで設定する際に活躍しやすいのは「得意な子」になります。また，様々な意見を整理する際にも活躍の場面はたくさんあります。特に意見が出にくい場面や，逆にたくさんの意見が出た際のまとめの場面などは，「得意な子」たちの活躍のチャンスです。

発展的な学習につながるヒントを仕込んでおく

　理科の観察や実験には，発展的な学習として取り扱うものがあります。そのような内容につながる「ヒント」を授業の中に仕込んでおくのも1つの方法です。

　例えば，6年「電気の利用」では，豆電球と発光ダイオード（LED）を光らせる実験が取り入れられています。発光ダイオードは電気を熱に変換することが少ないために省エネと言われているのですが，そのことに気づくためには豆電球の発熱に視点が向くことが大切です。そこで授業計画を立てる際には，豆電球よりも一回り大きく，発熱の存在に気づきやすいナツメ球を用意し，他の道具とともに手回し発電機で光らせたり動かしたりする活動の時間を設定します。そのようにして，子どもたちの発見や気づきを生むための「しかけ」を随所に張り巡らしておくと，学習が得意な子も知識の丸暗記で満足することなく，注意深く観察したり，自然事象同士の因果関係を考えたりする意欲をもつことができます。

引き出し⑯

ナンバリング＆ラベリング

「ナンバリング」「ラベリング」とは

　ナンバリングとは，内容ごとに重複しない番号を割り振ることです。身近なものとしては電話番号も一種のナンバリングですが，ここで紹介したいのは箇条書きされた事柄について「①」「②」のように全体の数を数えられるような数字の付け方をすることです。

　また，ラベリングとは，「ラベルをつける」という意味であり，物事を分類したりそれに応じた名前をつけたりすることです。心理学の世界では「レッテルを貼る」という意味でも使われますが，ここではあくまでもラベリング本来の意味を踏まえ，学習内容に子どもたちがオリジナルの「クラス用語」を考える活動をイメージしてもらえればと思います。

ナンバリングの意義

　子どもは，「いくつ発見した」「いくつできるようになった」というように，数を数えるのが大好きです。これは「数」が，子どもたちにとってわかりやすく，比較しやすい基準であるためです。

　そこで，学習の中での気づきや自然事象の性質などを整理する際には，単なる箇条書きをするだけで終わるのではなく，それらに番号をつけるようにします。考えた内容の数が一目でわかるようになり，「もっと考えてみよう」という学習意欲や達成感をもちやすくなります。

　なお，教師が説明をする際にも，「今から３つのことを説明します」のよ

うに，はじめに数を示して説明すると，子どもたちが話の見通しをもつことができ，集中力が持続しやすくなります。

数字の順を決める話し合いを通して学習内容を再確認する

通常，ナンバリングをする際には書かれている順番に数字をつけることが多いのですが，学習内容によっては一定の基準をもとにして数字をつけることも考えられます。基準については，「『なるほど！』と思った順」「大切だと思う順」など，子どもたちの主観によるものでも構いません。大切なのは，順番を考える際に，書き出している内容自体を再確認することになるという点です。

授業をしていると，つい大人の視点から「学んでほしいこと」を押し付けてしまいそうになることがありますが，子どもの視点や思いを大切にし，活動を通して自然と学習内容が定着しているという状態を目指すのが理想的です。

ラベリングの意義

ここで紹介する「ラベリング」は，その事象の性質や特徴等を解釈し，自分たちなりの言葉で表現するという作業です。これには，「要点を整理したり勘違いを修正したりする機会になる」「できあがった言葉は，子どもの生活や言語感覚にもとづく表現であるため，なじみやすく，理解しやすい」などのよさがあります。

例えば，3年「磁石の性質」では，磁力が鉄を引き付ける性質とテープが物に貼り付く性質を区別する必要があります。これを文章で説明しようとすると難しくなりがちですが，「こっちこいパワー」と「離さないパワー」，「ぐいぐいパワー」と「ぺったりパワー」のように自分たちで名前を考えると，事象の区別がイメージしやすく，記憶にも残りやすくなります。

引き出し⑰

スモールステップ化

スモールステップ化による支援

　人には思考や判断，作業を行う際に必要な情報を一時的に保持・処理する記憶機能があり，これを「ワーキングメモリ」と呼びます。人の話を聞いていない，学習したはずのことができないといった子どもの姿は，このワーキングメモリの働きの弱さが原因となっている可能性もあります。そういった子どもにとって，学習のスモールステップ化は，その場面の思考や作業に必要な情報が絞られるという点で，学習内容を理解するための支援になります。また，学習段階を分けることは，何がわからないのか，どこでわからなくなっているのかという，つまずきの把握がしやすくなり，ていねいな支援を行いやすくなるというのもメリットです。

３つ以上の要素は２つずつに分けて考える

　単元や実験によっては，A，B，C…という３つ以上の事象を関連付けて考えることが求められる場面が存在します。そのような場合は，AとBの関係，BとCの関係というように，２つずつの関係に分けて整理することでわかりやすくなります。

　例えば，４年「電流の働き」では，「乾電池の向き」「電流の向き」「モーターの回る向き」という３つの関係について調べていく場面があります。この場合，「乾電池の向きを変えると電流の向きが変わり，モーターの回る向きも変わる」と１文で整理することもできますが，子どもたちが３つの事象

の因果関係について，きちんと理解しているかどうかについては注意が必要です。

そこで，「乾電池の向きを変えると電流の向きが変わる」「電流の向きが変わるとモーターの回る向きが変わる」のように，因果関係が深い２つの事象に焦点化して授業を進めます。２段階に分かれていることにより，考える対象や実験中の着目点が絞られ，子どもたちは理解を着実に積み重ねながら学習を進めることができます。

基本的な知識・技能の習得から発展的な課題へ

学習活動をスモールステップ化させる際には，基本的な知識・技能の習得をスタートにして，段階的に発展的な課題を扱うようにすることが基本となります。

例えば，３年「物と重さ」では，物の形を変えても重さは変わらないということを調べていく場面があります。その際に行う実験としては，次のようなものが考えられます。

---

①球体を立方体にするなど，形のみを変える。
②１つの球体を５つに分けるなど，数を増やして１つあたりの大きさを小さくする。
③はかりの上からはみ出すような形に変化させる。

このうち，①については，子どもたちも「重さは変化しない」と予想している場合がほとんどです。そこで，まずは①の実験を行い，実験器具の使い方や実験の進め方等といった基本的な知識・技能の指導を行います。そのうえで，ステップアップした課題として②や③を行い，どんなに形を変えても重さが変化しないということを確認していきます。

引き出し⑱

差異点と共通点

それぞれの難易度や思考の過程を踏まえた活用を図る

星槎大学の阿部利彦先生は著書の中で，自閉傾向のあるお子さんの特徴として，共通点を答えられないことが多くあることを指摘したうえで，こう述べられています。

> 共通点を考えることは，抽象的な概念の理解が必要になるからです。具体的なことは理解できるけれど，抽象化に向かう思考に弱さがある子どもの場合，そのことで，子どもの思考が深まらない可能性があることに留意しなくてはなりません。
> ＊『通常学級のユニバーサルデザイン プラン Zero２ 授業編』（東洋館出版社）

理科の指導要領では，差異点や共通点をもとに学習を進めていくことが強調されています。「見比べて違う，または同じと思うことを発表しましょう」というように，並べて表現されることも多い差異点と共通点ですが，両者には難易度や思考の過程に違いがあることを踏まえ，効果的に取り入れていくことが大切です。

差異点に着目した授業づくり

理科では，様々な事物，事象の観察をします。その際，類似の事物，事象との差異点に着目することで，そのものの特徴をつかみやすくなります。

例えば，6年「電気の利用」では，豆電球とLED（発光ダイオード）との違いを比較することで，電気の使い方の違いやエネルギーの有効利用について考えていくことができます。また，5年「物の溶け方」では，塩や砂糖と，味噌や片栗粉の差を比べることで，「溶ける」という事象の特徴が明確になり，理解が深まりやすくなります。

共通点に着目した授業づくり

　差異点ではなく，あえて共通点を探す活動を取り入れる方が効果的な場合があります。それは，子どもたちが共通点に気づきにくいような資料を活用する場合です。

　4年「人の体のつくりと運動」を例に考えてみましょう。この単元では，動物の骨，筋肉の形や動きについて調べる場面があります。そこで登場するウマやイヌの足は，一見すると人の足とは逆の曲がり方をしています。

　ところが，足の付け根から1番目，2番目の関節がどちら向きに曲がっているのかを確認すると，同じ向きに曲がっていることに気づきます。人にたとえると，ウマやイヌは，かかとを上げてつま先で歩いているような状態なのです。試しに四つん這いで歩いてみると，それが人間にとっても自然な姿勢であることに子どもたちは驚き，生き物の体のつくりと生活環境とのつながりを実感することができます。

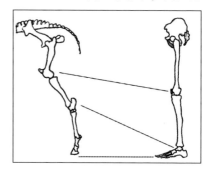

第 3 章

18の「引き出し」×5つのテクニック でつくる！ ユニバーサルデザインの理科授業

1　磁石の性質

単元の流れ（全10時間）

- 第1～2時：磁石に引き付けられる物を調べる（実験1）
- 第3～6時：磁石の性質について調べる（実験2～3）
- 第7～8時：磁石に引き付けられた鉄の変化を調べる（実験4）
- 第9～10時：磁石を使ったおもちゃ作りに取り組む

単元のポイント

☝磁石を身の回りの物に近付けたときの様子に着目して，それらを比較する。

☝「磁石に引き付けられる物と引き付けられない物があること」や「磁石に近付けると磁石になる物があること」，「磁石の異極は引き合い，同極は退け合うこと」を理解し，観察や実験等の技能を身に付ける。

子どもにとっての困難さ

✐金属と鉄の区別について混乱する場合がある。

✐「くっつく」と「引き付けられる」という言葉や事象の違いについて混乱する場合がある。

✐磁力や磁場を直接見ることはできないため，磁石の性質を理解することが難しい場合がある。

✐磁石の片面に塗料が塗られている場合，極の性質が磁石本体の性質なのか，塗料によるものなのかについて判断が難しい。

第1〜2時

引き出し⑤「図表／思考ツール」 × テクニック「方向づける」

磁石に引き付けられる物を調べる（実験１）

　磁石は様々なおもちゃにも使われており，子どもたちにとって比較的身近な道具です。しかし，その性質について細かく観察する機会は少なく，「知っているつもり」になっている傾向もあります。

　そこで，単元の導入では様々な磁石や道具を用意し，実際に触れながら自由に観察する時間を確保することも大切です。

　その後，第２時では，磁石に引き付けられる物と引き付けられない物を比較しながら調べていきます。

　ここで大切なことは，「金属」と「鉄」の区別をしっかりとできるようになることです。そこで，実験結果を整理する際には，「はさみ」や「輪ゴム」といった物の名前だけでなく，「鉄」「ゴム」といった材質を書くスペースを確保した表を用意し，子どもの意識が製品名から材質へ向かうように工夫します。

　なお，石の場合，磁鉄鉱と呼ばれる鉄の鉱物が含まれている物については磁石に引き付けられることが知られています。実際，校庭の砂やごく小さな砂利の中にも磁鉄鉱を含む物が混じっていることがあり，これらは磁石に引き付けられます。

　また，鉄の他にもコバルト，ニッケルは磁石につく性質をもっています。

　実験で使う素材については予備実験を行い，子どもが混乱しないように配慮することが大切です。

第3〜6時

引き出し⑯「ナンバリング＆ラベリング」 × テクニック「むすびつける」

磁石の性質について調べる（実験２〜３）

　第３〜４時では，磁石が鉄を引き付ける際の様々な性質について調べま

す。着目する性質は，次のようなものが考えられます。

①磁石は離れている鉄も引き付ける。
②鉄との間に物があっても，磁石は鉄を引き付ける。
③磁石が鉄を引き付ける力は，磁石と鉄の距離によって変わる。
④磁石には，鉄を引き付ける力が強い部分がある。

　なお，授業の課題を「磁石の性質を調べよう」という形で設定してしまうと，間口の広い質問となり，子どもたちの視点が拡散しすぎてしまうことがあります。

　そこで，ここでは第1〜2時の子どもの気づきや疑問のうち，特に子ども同士の認識のズレが大きいものを取り上げて調べていきます。

　ところで，磁石が鉄に引き付けられることを，子どもたちの多くは「鉄がくっつく」，あるいは「鉄がつく」と表現します。単元の初期はそれでもかまわないのですが，距離がある場合にも働くという磁力の性質を考えると，「引き付ける」という言葉を使う方が，磁石の性質についての理解がより深まります。

　そこでおすすめなのは，磁石が鉄を引き付ける力について，**クラス用語をつくる**という活動です。その際のポイントは，テープに鉄が貼り付く現象と比較しながら考えさせるということです。「こっちこいパワー」「ぐいぐい力」など，子どもなりの感性でユニークなクラス用語が生まれ，大いに盛り上がります。

　続けて，第5〜6時では，「磁石の異極は引き合い，同極は退け合う」ということを調べていきます。

　その際，磁石同士を手に持ち，手ごたえを確認するだけでなく，机に置いた時計皿や水に浮かべたカップの上に片方の磁石を置いて，そこに磁石を近付けてみるという活動も取り入れると，方位磁針や地球の磁力についての学びにもつながりやすくなります。

第7〜8時

引き出し⑭「イメージ図」 ✕ テクニック「わかったと実感させる」

磁石に引き付けられた鉄の変化を調べる（実験４）

　第１〜２時の学習でくぎやクリップ同士がくっついていることへの気づきをいかして、「磁石についた鉄は，磁石になっているのだろうか」という課題を設定します。「気づきをいかして」と表現しましたが，正しくは，この学習につながる気づきを生むために，意図的に複数のくぎやクリップなどを磁石と一緒に使う活動を設定したり，子どものつぶやきを拾い上げたりしておくことが大切です。

　なお，実験を通して鉄が磁石になることを確かめた後には，それを文章でまとめるだけでなく，**イラストでキャラクター化する**と，子どもたちが楽しみながら振り返りを行えます。

　その際，大切なことは，実験で確かめた磁石としての性質をイラストの中

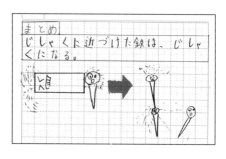

に盛り込むことです。これは，鉄が磁石になるということを印象付けるとともに，磁石の性質についての理解を着実に図るための工夫にもなります。

第9〜10時

引き出し⑯「ナンバリング＆ラベリング」 ✕ テクニック「わかったと実感させる」

磁石を使ったおもちゃ作りに取り組む

　単元の最後には，学習してきたことをいかし，磁石を使った道具やおもちゃを作ります。その際に大切なことは，磁石の性質を振り返り，それをいかすという意識をもたせることです。学習してきた**磁石の性質を学級全体で振り返ってナンバリングしたり，どの性質を活用したかを明記させたりする**と，子どもたち自身も磁石の性質を再確認しやすくなります。

② 物と重さ

単元の流れ（全6時間）

- 第　1　時：粘土で遊んで重さについての気づきや疑問を出し合う
- 第2〜3時：形を変えたときの重さを調べる（実験1）
- 第4〜6時：いろいろな物の重さを比べる（実験2）

単元のポイント

👆形や体積に着目して，重さを比較しながら学習する。

👆物は形が変わっても重さは変わらないことや体積が同じでも重さは違うことを理解し，観察や実験等の技能を身に付ける。

子どもにとっての困難さ

✏紙の切れ端や短い糸のように，ごく小さい物や軽い物については，重さがないという素朴概念をもっている場合がある。

✏片足で立ったり，はかりからはみ出した状態で物を置いたりするなど，「形の変化によって物の重さも変わる」という先入観が強い場合がある。

✏物を手に持ったときに感じる重さと実際の重さの違いに混乱する場合がある。

✏「体積」という言葉の理解が不十分な場合がある。

引き出し⑫「ストーリー＆ミッションの設定」 ✕ テクニック「ひきつける」

第1時

粘土で遊んで重さについての気づきや疑問を出し合う

　限られた授業時数の中で学習内容を網羅しようとすると，課題設定が強引になってしまい，子どもの目的意識が十分に形成されないことがあります。これは，単元を構成する学習内容同士の関連性が薄い場合に起こりがちな問題で，「物と重さ」でもこの点に注意が必要です。

　「物と重さ」では，「形を変えても物の重さは変わらないこと」「物の種類が違うと，同じ体積でも重さは違うこと」を調べていきます。しかし，どちらかの内容について学習した子どもたちから，もう一方の内容に関わる疑問や意見が出されるかというと，なかなか難しいところです。

　そこで，課題設定を「挑戦状形式」で行うのも1つの方法です。「挑戦状形式」というのは，ある人物からクラスに挑戦状が届いたという設定で学習内容を提示し，子どもたちがなぞ解きをするように観察や実験を行うというものです。「理科が大好きな校長先生」や，「重さ怪人ニュードン」など，子どもたちが盛り上がれるような人物を設定することで，「みんなで解決するぞ」という前向きな雰囲気の中で学習を進めることができます。

引き出し⑰「スモールステップ化」 ✕ テクニック「わかったと実感させる」

第2〜3時

形を変えたときの重さを調べる（実験1）

　ここで学習する「どんなに形を変えても重さは変化しない」という事象は，3年生の子どもたちにとって，実感がやや難しい内容となります。日常生活で物を持つときには，持ちやすい形かどうかによって体感的な重さが大きく異なるからです。

　そこで，自由に形を変えられるような材質の物を使い，重さを繰り返し測定していきます。その際に便利なのは粘土やおもちゃのブロックです。どち

らも子どもにとって身近な物で，形を変える作業も手軽にできることが特徴
です。

　さて，形を変えると述べましたが，その方法は大きく３種類あります。

---

①球体を立方体にするなど，形のみを変える。また，はかりの上から
　は，はみ出さないようにする。

②１つの球体を５つに分けるなど，数を増やして１つあたりの大きさ
　を小さくする。

③球体を長い棒状にするなど，はかりの上からはみ出す形に変化させる。

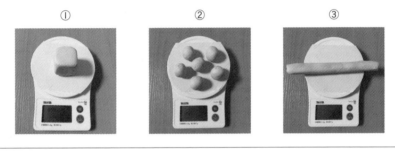

　このうち，最も基本的な内容は①です。また，「形によっては重さが変わ
ることがある」と考える子どもたちでも，①については変化しないと考える
場合が多いようです。そこで，まずは①の条件で実験を行い，その後に②や
③の実験を行うなどの，段階的な指導を行うとともに「どんなに形を変えて
もやっぱり重さは変化しないのだ」という実感を子どもたちにもたせるよう
にしていきます。

　なお，「形によっては重さも変化することがある」という素朴概念は，子
どもたちに根強く定着しています。そこで，アルミホイルや紙，おもちゃの
ブロックなど，異なる材質を使った追加実験を繰り返し行うことで，定着し
た素朴概念を修正していくとともに，「粘土は…」「紙は…」ではなく，「物
は形を変えても重さは変わらない」という理科的な概念を形成していくこと
が大切です。

第4〜6時

引き出し⑩「『見えない』しかけ」 × テクニック「ひきつける」

いろいろな物の重さを比べる（実験2）

　ここでは，同じ体積でも物によって重さが違うことを調べていきます。この学習ではじめに確認しておきたいことは，「体積」という言葉の意味です。子どもたちは，日常生活では「大きさ」，算数では「かさ」という言葉を使っています。「体積」という言葉は使い慣れておらず，言葉への「難しそう」というイメージが学習自体への抵抗感につながることもあります。

　そこで，クラス全体で「体積」の概念を確認しておきます。粘土やブロックを使い，形によって変化する平面的な大きさではなく，その物自体が占める空間の大きさであることを理解できるようにするのがポイントです。難しく感じるかもしれませんが，「同じ形で隙間なくぎっしりつまった状態」がイメージできれば，3年生の発達段階としては十分です。

　体積という言葉を確認した後は，実際に物の重さを比較していきます。その際には，比較する物を手に取って重さの違いを体感させることも大切です。

　学校では，重さ比べのためのブロックを教材として用意していることも多いと思います。それらをアルミホイルで覆っておき，何が包まれているかわからない状態で比べてみるのもおすすめです。重さの違いについての驚きが，中身の違いに対する関心を高めてくれます。

　また，第2〜3時でも述べたように，子どもたちの理科的な概念を形成するためには，材質を変えて繰り返し実験を行うことも大切です。同じ形のカップに入れた砂糖と塩，水と油など，比較する物を変えた追加実験を行うことで，子どもたちの理解を確かなものにしていきます。

3年　生命

③ 昆虫の成長と体のつくり（身の回りの生物）

単元の流れ（全8時間）

- 第1～2時：チョウの飼い方を調べる
- 第3～6時：チョウを飼育して育ち方を調べる
- 第7～8時：昆虫の体のつくりを調べる

単元のポイント

👆身の回りの生物を探したり育てたりする中で，それらの様子や周辺の環境，成長の過程や体のつくりに着目する。

👆「生物は色，形，大きさなど，姿に違いがあり，周辺の環境と関わって生きていること」や「昆虫の育ち方には一定の順序があり，成虫の体は頭，胸及び腹からできていること」を理解し，観察や実験等の技能を身に付ける。

子どもにとっての困難さ

✏昆虫などの生き物に対して苦手意識がある児童にとって主体的な活動が難しい場合がある。

✏観察記録をつける際に，絵を描く技能が求められる。

✏観察の視点に関する理解が不十分で，「変化」や「違い」に気づきにくい場合がある。

第1～2時

引き出し⑨ 「写真やイラスト／動画」 × テクニック 「方向づける」

チョウの飼い方を調べる

　この単元の導入では，チョウの飼い方を調べ，実際に飼育をはじめるために卵を採取する必要があります。

　そこで，まず花畑にいるチョウとキャベツ畑やミカンの木等にいるチョウの写真を提示し，それぞれのチョウが何をしているのかを考えさせます。「キャベツを食べるため」「暑いから日陰で休むため」など，子どもらしい発想での意見が出されることでしょう。**タイミングを見計らって卵や幼虫の写真も提示し**，キャベツ畑やミカンの木等にいるチョウの目的が卵を産むためであること，そこに卵を産むのは幼虫の食べ物となるからであることに気づかせていきます。

　その後，チョウを卵から育てるという学習の見通しを立て，飼育方法を調べます。調べる際にはインターネットを使うこともできますが，3年生の子どもたちには読めない漢字が使われていてうまく読めないということも多々あります。そこで，学校の図書整備の一環として，計画的に必要な書籍をそろえておくことが大切です。

　卵を探しに行くときは，あらかじめ卵の色や形，卵が産みつけられている場所等を確認しておくと，その知識をいかしながら卵探しに取り組むことができます。

　なお，卵ではなく幼虫を見つけた子どもたちの中には，そのまま育てたいと主張する子もいます。その際に注意が必要なのは，寄生バチなどに寄生されている個体もいることです。寄生されているかどうかは見た目では判断が難しい場合が多く，途中で助ける手立てもないため，成長の様子を観察するためには，卵を見つけて飼育する方が安心です。

チョウを飼育して育ち方を調べる

　卵を採取したら，グループごとに用意しておいた飼育ケースに入れて飼育をはじめます。その際，飼育ケースは直接日光が当たらないロッカーや棚の上に置いておき，観察がしやすいようにします。直射日光を避けるのは，葉っぱが傷みにくいようにするためです。どこに飼育ケースを置くのがよいのか，それはなぜなのか。そういったことも1つずつクラス全体で確認することにより，様々な事象同士のつながりを考えようとする資質・能力の下地が形成されていきます。

　飼育がはじまると，子どもたちは毎日夢中になって幼虫が成長していく様子を観察するようになります。名前をつけるなどして，たいへんかわいがるのですが，中にはちょっとした油断からエサの交換を忘れてしまい，残念な状態になってしまうことも…。3年生という発達段階を考えると，休み時間の自主的な活動に任せきりにせず，エサの交換やふんの掃除などの時間は，学習としての時間を保障することが大切です。

　なお，飼育ケースにはキッチンペーパーなどを引いておくと，エサの食べ残しやふんの始末が楽になります。また，紙を円錐状に丸めて割り箸などに付けた「蛹ポット」を用意すると，蛹の観察がしやすくなります。蛹はお尻から腹部にかけて木工用ボンドや両面テープを付け，直接固定することも可能です。

　観察については，幼虫を真上からだけ見たり，漠然としたイメージをそのまま記録したりする子たちもいます。しかし，それでは足の様子など見えない部分も多く，十分な観察ができません。そこで，事前に「今日の観察ポイ

ント」として，「頭やお尻の形はどうなっているか」「体の色や模様はどうか」「足はいくつ，どこに見えるか」といった視点を示し，その中から好きな視点を選んで観察させるようにすると，学びの質が高まります。

第7〜8時

引き出し⑦「多様な表現活動を支援する教室環境」 × テクニック「そろえる」

昆虫の体のつくりを調べる

飼育していたチョウが蛹から羽化した後は，チョウを含め，様々な昆虫の体が「頭」「胸」「腹」の３つの部分からできていること，足や羽の付き方等について調べていきます。標本が手に入ればそれを観察に使えるのですが，難しい場合は写真や動画を用意しておきます。また，バッタなどは，短時間であればチャック付きのポリエチレンの袋など，小さな容器等に入れることで動きを少なくし，ゆっくり観察することもできます。

ただし，観察したことをワークシートに記録する際には，絵を描く技能が必要となります。観察内容を発表したり，話し合ったりする際には，手書きの観察カードだけでなく，ICTを活用した写真等も活用できる環境も整えておくことで，絵を描くことが苦手な子も安心して表現しやすくなります。

安心・安全のための支援

季節によっては熱中症に注意し，活動時間を短くしたり，こまめな水分補給を促したりします。また，野外での活動は，子どもの気持ちが開放的になり，思わぬ事故につながることがあります。一定の時間ごとに集合して指導をしたり，グループでの活動を基本としたりして，安全意識を保ちやすい環境づくりを心がけます。

3年　　地球

④　太陽と地面の様子

単元の流れ（全8時間）

- 第1〜2時：影の向きと太陽の見える方向を調べる
- 第3〜5時：影の動きと太陽の動きを調べる
- 第6〜8時：日なたと日影の地面の温度を調べる

単元のポイント

☝日なたと日陰の様子に着目して，それらを比較しながら学習する。

☝「日陰は太陽の光を遮るとでき，日陰の位置は太陽の位置の変化によって変わること」や「地面は太陽によって暖められ，日なたと日陰では地面の暖かさや湿り気に違いがあること」を理解し，観察や実験等の技能を身に付ける。

子どもにとっての困難さ

✎方位磁針や温度計の扱いに慣れていなかったり，液切れなど実験器具に不具合が生じていたりして，正しい観察や実験がしづらい場合がある。

✎影で遊んだり鏡を使って光を当てたりする活動では，遊びに夢中になって学習への児童の意識が不十分になる場合がある。

第1〜2時　引き出し⑨「写真やイラスト／動画」 × テクニック「そろえる」
影の向きと太陽の見える方向を調べる

　単元の導入では，「影踏み」や「影つなぎ」などの遊びを通して，影のでき方や向きについて興味をもたせるとともに，「太陽の光を遮る物があると，反対側に影ができること」や「影の向きはどれも同じであること」を調べていきます。

　導入で行う「影踏み」は，影を踏むことでオニが交代する鬼ごっこです。タッチの代わりに影を踏むだけなので，ルールが簡単で誰もがすぐに楽しめるのですが，理科の学習ですから「影の特性」への気づきにつなげることが大切です。そこで，次のような「しかけ」を行います。

---

①白線でコートを描いて逃げられる範囲を制限する。

②コートの中に，校舎や樹木の影がある状態にする。

③校舎の2階や3階から遊んでいる様子を動画で撮影する。

---

　①については，影がコートの外に出る場所が安全地帯となるため，影の向きを意識することにつながります。

　また，②については，①と同様の効果とともに，影と太陽の間には物があるという気づきにもつながります。

　③については，振り返りを全員で行うためです。「影踏み」をした後にそのまま「気づいたことはありますか」と質問することもできるのですが，同時に複数のことをするのが難しい子にとっては「遊びながら考える」というのは非常に難しい活動になります。

　そこで，「影踏み」をしているときにはあくまでも遊びのための作戦や工夫を考え，それが振り返りの中で学習につながっていくという流れの授業を組み立てるのがおすすめです。

なお、「影つなぎ」は、互いの影を重ね合わせてつなぐ遊びです。「直接お互いに触れないで影をつなげる」や「影を長くつなげる」といったことを条件にして遊びをすることで、影の特性につながる気づきが生まれやすくなります。この場合も、写真や動画を撮影しておき、全員で振り返りができるようにすることが大切です。

第3〜5時	引き出し⑬「クイズ」 × テクニック「ひきつける」

影の動きと太陽の動きを調べる

　ここでは、「時間がたつと太陽の位置が変わり、それによって影の向きが変わること」や「太陽は東から南を通って、西へ移動すること」について調べていきます。

　そこで、時間を変えて撮影した写真を使い、時間の経過と太陽の位置、影の向きの関係について学習課題を立てさせていきます。その際、写真についてはクイズ形式にすることでクラス全体が盛り上がり、その後の学習についても前向きな雰囲気をつくることができます。クイズの形式は、次のような形が考えられます。

＜間違い探し形式＞

　同じ場所、同じアングルの写真を用意して何が違うかを考えさせます。カメラは三脚等で固定して撮影します。想定外の「違い」をなくすために、被写体の数を絞るのがコツです。

＜仲間分け形式＞

　写真をAとBの2グループに分けていきます。仲間分けをした後に「Aは午前中に撮影した写真、Bは午後に撮影した写真」と種明かしをします。方角がわかりやすいように、目印となる建物等を入れたアングルにすることがコツです。

子どもたちの中には「楽しそう」と思えるかどうかが，そのまま学習への集中力に反映してしまう子たちがいます。そういった子どもたちの参加度を高めるためには，はじめの５分でどれだけ授業に「わくわく感」を抱かせられるかが大切です。

引き出し③「さわる／動かす体験」 × テクニック「わかったと実感させる」

日なたと日影の地面の温度を調べる

単元の後半では，地面が太陽に暖められることや，日なたと日陰では暖かさや湿り気に違いがあることなどを調べていきます。

その際，温度は温度計を使って比べられますが，湿り気については繰り返しいろいろな地面に触れることで，実感を伴った理解を図ることが大切です。

そこで，まずはじめは校内の様々な場所で日なたと日陰の地面をさわり比べる時間をとります。気づいたことについてはその場所ごとに確認することで，徐々に気づきを実感として確かなものにしていきます。

その後，気づきの１つとして温度に注目し，温度計を使った活動に展開していきます。

なお，この学習では，温度計を使う技能の習得が必要となります。使用する温度計はデジタル温度計でもかまわないのですが，その後の様々な学習場面を考えると，棒温度計を使う技能の習得も目指したいところです。

そこで，「理科の授業の冒頭に棒温度計で気温を測定してノートに記入する」「朝の会で測定した気温を黒板の日付の下に追記する」など，意図的，計画的に練習の場を設定するようにしていきます。

⑤　電流の働き

単元の流れ（全6時間）

- 第　1　時：乾電池でモーターを動かす
- 第2〜3時：乾電池の働きを調べる（実験1）
- 第4〜5時：乾電池のつなぎ方を調べる（実験2）
- 第　6　時：乾電池と電流の大きさを調べる（実験3）

単元のポイント

👉電流の大きさや向きと乾電池につないだ物の様子に着目して，それらを関係付けながら学習する。

👉乾電池の数やつなぎ方を変えると，電流の大きさや向きが変わり，豆電球の明るさやモーターの回り方等が変わることを理解し，観察や実験の技能を身に付ける。

子どもにとっての困難さ

✏「直列つなぎ」と「並列つなぎ」について，乾電池の向き，回路のつながり方の2点から正しく捉えることが難しい場合がある。

✏「直列つなぎ」と「並列つなぎ」では，電流の大きさが異なるという事象を実感することが難しい。

✏実験キットを使用する際に，手先の不器用さや組み立て方の説明図の読み取りが難しく，準備に時間がかかる場合がある。

第1時

引き出し⑥「1人1セットの『マイ〇〇』」 × テクニック「わかったと実感させる」

乾電池でモーターを動かす

　単元の導入では，乾電池をつないだモーターの様子を見ながら，気付いたことや疑問に思ったことを話し合います。その際，「電池の向きとモーターの向きには何らかの関係がありそうだ」ということを実感させるためには，1人1台の実験セットを用意し，体験の時間を十分に確保することが大切です。

　モーターについては，倒れたり動いたりしないようにペットボトル等の台に固定する他に，おもちゃの車に付けてプロペラの風によって動くプロペラカーとすることも考えられます。プロペラカーは，電池のつなぎ方によって車の移動する方向が変わるため，「逆になる」という感覚をつかみやすい教材です。また，単元を通しておもちゃの車を改良するという課題を設定することで，子どもにとって学習が自分ごとになりやすいという特徴もあります。その一方で，遊びに夢中になってしまったり，「車が進む」という点だけにとらわれ，「モーターが回転する」という事象への意識が薄れてしまったりする場合もあり，活動の際に注目する視点を明確にすることが大切です。

第2〜3時

引き出し④「こだわりの課題設定」 × テクニック「方向づける」

乾電池の働きを調べる（実験1）

　ここでは，「乾電池の向き」「電流の向き」「モーターの回る向き」の3つの関係について調べていきます。ただし，3つの事象を関係付けるという思考は，やや高度な活動となるため，課題とまとめがきちんと対応した表現となるようにしたり，考察の際に一定の「文型」を例示したりするなど，配慮

が必要です。なお，課題とまとめについては，次のような組み合わせにすることが考えられます。

---

①課 題：乾電池の向きを変えるとモーターの回る向きが変わるのはなぜだろうか。

まとめ：モーターの回る向きが変わるのは，乾電池の向きを変えると電流の向きが変わるためである。

②課 題：乾電池の向きを変えると電流の向きやモーターの回る向きはどのようになるのだろうか。

まとめ：乾電池の向きを変えると電流の向きが変わり，モーターの回る向きも変わる。

　第１時における子どもたちの気づきや疑問とのつながりを重視して課題設定をする場合は①の形になることが多いのではないかと思います。

　それに対して，乾電池，電流，モーターの回転という３種類の向きの関係を整理するには，②の方が事象の因果関係に沿った表現となっており，よりわかりやすくなります。

　なお，学級や子どもの実態を踏まえ，３つの事象を関係付けるのが難しい場合は，「乾電池の向きを変えると電流の向きは変わるのだろうか」のように，事象を絞った課題設定をすることも考えられます。また，上記の②のまとめについては，「乾電池の向きを変えると電流の向きが変わる」と「電流の向きが変わるとモーターの回る向きが変わる」のように，２つに分けて整理していくと，考える対象が絞られるため理解しやすくなります。

第4〜5時　引き出し⑪「選択肢の設定」 ✕ テクニック「そろえる」

乾電池のつなぎ方を調べる（実験２）

　ここでは，乾電池２個を直列つなぎと並列つなぎにしたときのモーターの

回る速さについて調べていきます。この学習が子どもにとって難しいのは，「電池の位置（並び方）」に惑わされて，回路としての「電池のつながり方」を正しく認識することが難しい場合があるということです。

　そこで，様々な電池の並び方やつなぎ方を例示したカードを用意し，その中から直列つなぎと並列つなぎを選んだり，実物で再現したりといった活動を設定するのも１つの方法です。カードは授業後も教室に掲示しておき，後日の復習にも活用することで，学習内容の定着を図ることができます。

　なお，この時間の学習ではモーターだけでなく，豆電球を活用することも考えられます。

　その場合には，モーターを使った実験後の発展学習とするなど，あくまでも子どもたちの気づきや疑問に沿った学習展開とすることが大切です。

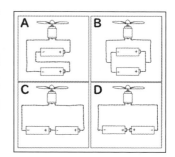

第6時　引き出し⑯「ナンバリング＆ラベリング」 × テクニック「むすびつける」

乾電池と電流の大きさを調べる（実験3）

　ここでは，乾電池２個を直列つなぎと並列つなぎにしたときの電流の大きさについて調べ，モーターが速く回ることと関係付けながら考えていきます。

　また，学習のまとめに向けて，直列つなぎと並列つなぎの違いについての理解を確かなものにしておきたい場面でもあります。

　「直列」「並列」という名前は回路のつなげ方という「見た目」をイメージしやすい名称ですが，「パワフル直列つなぎ」など，「電流の大きさ」や「プロペラの回り方」に着目した「クラス用語」を子どもたちと一緒に考えるのも１つの方法です。

⑥　空気と水の性質

単元の流れ（全7時間）

- 第　1　時：閉じ込めた空気の性質に関心をもつ
- 第2〜4時：閉じ込めた空気の体積や手ごたえを調べる（実験1）
- 第5〜6時：閉じ込めた水の性質を空気と比べる（実験2）
- 第　7　時：閉じ込めた空気や水の性質をいかして楽しむ

単元のポイント

☝体積や圧し返す力の変化に着目して，それらを圧す力と関係付けながら学習する。

☝「閉じ込めた空気を圧すと，体積は小さくなるが，圧し返す力は大きくなること」や「閉じ込めた空気は圧し縮められるが，水は圧し縮められないこと」を理解し，観察や実験等の技能を身に付ける。

子どもにとっての困難さ

✏子どもは物事を理解する際に視覚的な情報を重視する傾向があり，目に見えない空気の存在を理解することが難しい場合がある。

✏空気鉄砲を使った体験では，遊びに夢中になってしまい，空気の性質に関心が向きにくくなる場合がある。

第1時

引き出し⑧「思考や認識のズレ」 × テクニック「ひきつける」

閉じ込めた空気の性質に関心をもつ

　子どもには,「目に見えないもの」＝「存在しない」と認識してしまう感覚が根強くあります。これは, 空気が存在するという知識と実感との間にズレが生じている状態とも言えます。そこで, 第1時の冒頭には, そのズレをいかしたやり取りを行い,「空気は見えないけれど存在する」という認識を十分に共有することで, 学習内容への関心を高めていきます。具体的には, 次のような流れで導入を行います。

＜導入例1　先生を論破させる＞

　「今日から空気の学習をするのだけれど, 1つ悩んでいることがあるんだよね。空気って, ここにもあるのかな？」と, さも悩んでいるかのような素振りで, 子どもたちに問いかけます。子どもたちが「あって当然」という様子で言い返してきたら, 目の前の空気をにぎり, ゆっくりと手のひらを広げるような動作をしながら,「でも, 何も見えなし, つかんでもスカスカだよ」ととぼけます。教師がとぼけるほど, 子どもたちが必死になって空気の存在を証明しようとしますので, その発言をいかしながら単元の学習計画を話し合います。

＜導入例2　「何もない！」と思わせる＞

　「箱の中に今日の実験道具が入っています。これは, 世界中の人が欲しがる貴重なもので, 缶詰で売られることもあるようです」そう伝えて, 中身が入っていない空き箱を用意します。中身が空っぽであることを確認した了どもたちは目が点になったり,「何も人ってないよ」とブーイングをしたりすると思いますが,「え？　箱いっぱいに入っているよ」と投げかけ, 空気の存在に気づかせていきます。

クラスにやんちゃな子が多い場合は，導入例１の「先生を論破させる」が
おすすめです。先生をやりこめようと大いに授業が盛り上がります。一方，
導入例２は，家庭学習などにより先行知識をもっている子が多い場合におす
すめです。いずれの場合も，やり取りを通して，「見えない」＝「存在しな
い」と感じてしまっている自分の感覚に気づかせることが大切です。

第
2
〜
4
時

引き出し④「こだわりの課題設定」 ✕ **テクニック「方向づける」**

閉じ込めた空気の体積や手ごたえを調べる（実験Ⅰ）

　第２〜４時では，実験用の注射器や空気鉄砲の筒に空気を閉じ込め，体積
と手ごたえの関係を調べていきます。その際，**クラスの実態に応じて以下の**
ような課題設定をすることが考えられます。

---

①閉じこめられた空気は圧されると，どのようになるのだろうか。
②閉じ込めた空気を圧したとき，空気の体積や手ごたえはどのように
　なるのだろうか。

　このうち，①は「圧される」というように，空気の視点からの表現になっ
ています。そのため，その後の授業で擬人化した空気のイメージ図を描かせ
たいときにおすすめです。一方，②は抽象的な思考が苦手な子が多い場合に
おすすめです。「体積」「手ごたえ」という視点を課題として提示することで，
その後の実験で注目するポイントもわかりやすくなり，論点の焦点化にもつ
ながります。

　なお，空気は透明なため，粒
子の大きさの変化をイメージし
やすいような視覚的な工夫がで
きると，子どもたちの理解がよ
り確かなものになります。実験

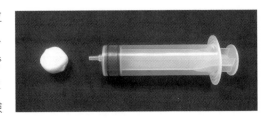

用キットにスポンジが入っていることもありますが，おすすめはマシュマロを使うことです。小さくなったり大きくなったりする様子に，クラス中から歓声が上がること間違いなしです。

3年

第5〜6時

引き出し⑦「多様な表現活動を支援する教室環境」 × テクニック「むすびつける」

閉じ込めた水の性質を空気と比べる（実験２）

4年

　単元の後半では，空気と比較しながら水の性質について調べます。注射器や空気鉄砲の筒に水を満たすのですが，手先を使った作業に苦手さがある子たちにとって，空気がまったく入っていない状態にするのは意外と難しいようです。そこで，思い切って「空気と水の両方を閉じ込めた注射器」を実験内容に加えるというのも１つの方法です。なお，その際には実験の様子を動画や写真で記録するようにして，それを使いながら発表できるようにすると，根拠に基づいた分析や考察がしやすくなります。

5年

第7時

引き出し⑫「ストーリー＆ミッションの設定」 × テクニック「むすびつける」

閉じ込めた空気や水の性質をいかして楽しむ

6年

　単元の終盤では，空気ロケットを飛ばしたり，水鉄砲で的を撃ったりするお楽しみ企画を行います。お楽しみ企画と言っても，単なる遊びで終わらないためには，その仕組みについて考える場を設定することが大切です。

　また，実際のおもちゃ作りではなく，「空気や水の性質をいかした未来の道具図鑑を作ろう」のように，空想上の道具を考える活動を「ミッション」として設定するのもおすすめです。閉じ込めた空気と水の性質さえ踏まえていれば，手先の器用さといった工作の技能に関係なくダイナミックな構想も可能で，大いに盛り上がります。

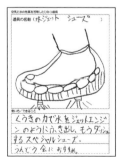

7 温まり方の違い
（金属，水，空気と温度）

単元の流れ（全8時間）

- 第1〜3時：金属の温まり方を調べる（実験1）
- 第4〜6時：水の温まり方を調べる（実験2〜3）
- 第7〜8時：空気の温まり方を調べる（実験4）

単元のポイント

👆金属，水，空気を熱したときの熱の伝わり方に着目して，それらと温度の変化とを関係付けながら学習する。

👆「金属は熱せられた部分から順に温まるが，水や空気は熱せられた部分が移動して全体が温まること」を理解し，観察や実験等の技能を身に付ける。

子どもにとっての困難さ

✎金属と異なり，水や空気は温度によって移動するため，「上昇する」「横に広がる」「冷たい水や空気が押し下げられる」など，複数の事象を整理する必要がある。

✎金属，水，空気の熱の伝わり方を確かめるための実験器具や方法が異なるため，毎回の実験で複数の新しい要素を把握する必要がある。

✎サーモインクを使った水の温度変化の観察では，変化のスピードが速かったり，不規則な動きが生じたりして観察が難しい場合がある。

第1〜3時

引き出し⑪「選択肢の設定」 × テクニック「方向づける」

金属の温まり方を調べる（実験Ⅰ）

　この単元では，金属，水，空気の3種類の物質について熱の伝わり方を調べていきます。

　調べていく順番は金属からはじめるのがおすすめです。金属は水や空気のように熱の上昇による対流が起こることがなく，また，ろうやサーモインク，示温シールを使うことで熱の伝わる様子が視覚的にもわかりやすいためです。

　なお，金属の温まり方について課題設定をする際には，次のような表現が考えられます。

---

①金属は，どのように温まるのだろうか。

②金属は，熱したところから順に温まるのだろうか。

---

　①の課題は，やや間口の広い課題設定になります。そのため，予想を立てる場面では，いきなり個人で考えをノート等に整理させるのではなく，まず**学級全体での話し合いを通して3種類程度の選択肢を設定し**，その中から自分の予想を選ぶという流れにするのがおすすめです。

　また，クラスの中には，自宅学習等で先行知識を得ている子もいると思います。そのような子が多いクラスでは，「条件を変えても金属は熱したところから順に温まるのだろうか」という課題で追加実験を行うのも1つの方法です。追加実験としては，「熱する場所を変える」「金属の傾きを変える」「金属の形を変える」等のやり方が考えられます。子どもの希望によっては，数種類の実験から興味のあるものを選択するという取り組み方もおすすめです。

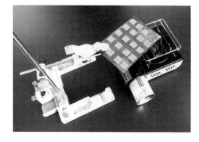

引き出し⑱「差異点と共通点」 × テクニック「むすびつける」

水の温まり方を調べる（実験2〜3）

　ここでは，試験管やビーカーを使い，水の温まり方を調べていきます。

　試験管に入れた水を温める実験では，熱する位置を変えることにより，「熱している部分にかかわらず水は上から順に温まる」「熱しているところよりも下の部分が温まりにくいのは，温められた水が上へ移動するからではないか」という2つの考えを形成することができます。

　なお，第1〜3時の金属の温まり方を調べる際に，金属の棒を使った実験をしておくと，試験管に入れた水の温まり方との違いに着目した思考がしやすくなります。

　また，ビーカーを使った実験では，サーモインク等を使い，「温められた水が上へ動くこと」「水は上から順に温まること」を確認します。ただし，火の位置や強さによっては，水が多様な動きをしたり，サーモインクの色の変化が速すぎて変化の様子がわかりにくかったりする場合があります。

　そこで，火の位置や火力については図や写真を用いたていねいな説明をするとともに，実験の様子を動画で撮影して，スローやコマ送りによる分析ができるようにします。

第7〜8時

引き出し②「実生活や身近な自然とのつながり」 × テクニック「方向づける」

空気の温まり方を調べる（実験4）

　ここでは，空気の温まり方を調べていきます。実験の方法としては，次のような例が考えられます。

①部屋を暖房器具で温めて，高さごとの温度変化を調べる。

②線香の煙を入れたビーカーや水槽等を温めて煙の動きや温度の変化
を調べる。

このうち，①については，**実生活の経験をもとにした課題意識や予想を**も
ちやすく，また，広い空間を使うためにダイナミックな活動をできるという
よさがあります。

ただし，空気の移動については，線香自身の熱による煙の動きと暖房器具
による空気の動きを区別する必要があり，子どもによっては，ていねいな確
認が必要です。

一方，②については，グループごとに実験のセットを用意してそれぞれの
役割を明確にしながら実験を進めていくことができます。また，線香の煙が
動く様子により，空気の動きを実感しやすいのも特徴です。

「実生活とのつながり」と「器具を使った実験の技能」。この学習では，ど
ちらをより重視するかという点を踏まえながら，実験方法を選択することが
大切です。

安心・安全のための支援

火を使う際は，衣類等への着火ややけどを防ぐために，次のような指導を
行います。指導内容を箇条書きにした掲示物を用意すると便利です。

○長い髪は束ねるとともに，保護メガネや子ども用の軍手を着用する。

○着衣着火につながりやすい素材や形状の上着は着ないようにする。

○机の上の整理整頓を徹底する。

○濡れぞうきんや水を入れたバケツ等を用意する。

○椅子を片づけ，立った状態で実験する。

8　人の体のつくりと運動

単元の流れ（全5時間）

- 第1～2時：私たちの体や骨について調べる
- 第3～4時：筋肉の働きについて調べる
- 第　5　時：動物の骨と筋肉について調べる

単元のポイント

☞骨や筋肉のつくりと働きに着目して，それらを関係付けながら学習する。

☞「人の体には骨と筋肉があること」や「人が体を動かすことができるのは，骨，筋肉の働きによること」を理解し，観察や実験等の技能を身に付ける。

子どもにとっての困難さ

✐骨や筋肉は直接見ることができないため，動画や写真，模型等によって体の中を想像する必要がある。

✐模型は比較的高価なものが多く，学校の備品数が限られているため，児童の人数が多い場合は，十分な観察時間の確保が難しくなる。

✐筋肉が「縮む」「ゆるむ」といった言葉の使い分けや，関節の動きとの関連に混乱する場合がある。

引き出し⑰「スモールステップ化」 × テクニック「そろえる」

第1~2時

私たちの体や骨について調べる

第1時では，自分の体をさわったり腕や足を曲げたりしながら，気づいたことや疑問に思ったことを話し合い，学習の見通しをもちます。

しかし，腕や足を曲げるという動作は，多くの子どもたちにとって「できて当たり前」のものであり，問題意識をもちづらい傾向もあります。そこでおすすめなのは，関節が思うように曲げられない状態を経験させることです。

用意するのは30cm×40cm程度の大きさの段ボールと養生テープ。段ボールを，肘や膝に巻き，それをテープで固定することで，関節の動きが制限され，「机から教科書を出す」「椅子から立ち上がる」といった日常の何気ない動作が難しくなります。この体験を通して「体の一部が曲がる」ということの便利さを実感するとともに，関節の場所や仕組みについて考えていきます。

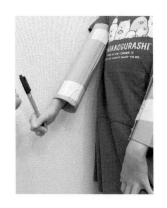

その後，第2時では，関節の位置や動きを調べていきます。その際，課題については次のような形で設定することが考えられます。

---

①体の中で曲げられるところは，どこにあるのだろうか。
②体の中で曲げられるところは，どのようになっているのだろうか。

---

①は位置の確認に焦点を絞った課題設定です。一方，②は関節のつくりについて考える課題で，やや間口が広く，高度な内容となっています。そのため，②について考える場合は，①の後に②を行うという**2段階のステップを設定**したり，取り上げる関節を腕や手に限定して学習活動をシンプルにした

りします。なお，関節の位置については，体の写真を撮影して画面上に印を入れる，軍手をはめて指を動かしながら手の関節にシールを貼るなどの方法で，「見える化」することが大切です。

筋肉の働きについて調べる

体には様々な大きさや形の骨がありますが，骨だけで関節を曲げることはできません。ここでは，そのことを確認したうえで，人が体を動かすときの骨や筋肉の動きについて調べていきます。

ただし，体の中は直接見ることができません。そこで，腕の関節をモデルにした骨格と筋肉の模型を使い，自分の筋肉と比較しながら考えていくことになります。

その際におすすめなのは，はじめから完成した模型を用意するのではなく，骨格と筋肉の模型を別々に作成しておき，骨のどの部分に筋肉が付いているかを子どもたちに考えさせることです。筋肉の付け方については，右の3種類を選択肢として提示するようにします。このうち，正解は「ウ」なのですが，子どもたちが自分の腕を見たときの外見上のイメージに近いのは「ア」，腕を曲げるという機能から考えやすいの

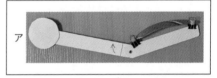

は「イ」です。そういった**子どもたち同士のイメージのズレに着目して話し合いを進める**ことで，腕の動きと筋肉の形や硬さの関係をむすびつけた思考を促し，「ア」は腕が動いても筋肉の伸び縮みがない，「イ」は腕を曲げたときの筋肉の形が自分の腕と比較したときに異なるということから正解が

「ウ」であるという結論に導いていきます。

　なお，模型の筋肉を作るための材料は，ミラクルロケットやストローをつけた傘袋などがおすすめです。

　ミラクルロケットというのは，屋台のくじ屋の景品などに使われているおもちゃです。縮めたときの形が筋肉の形によく似ており，特に赤色やオレンジ色のものは，腕を曲げたときの筋肉の様子をイメージするのにぴったりです。ただし，外部から力を加えて縮ませることになるため，「筋肉が縮んで骨を動かす」という筋肉本来の働きとは逆になるという点に注意が必要です。

　一方，ストローを付けた傘袋は，息を吹き込むと袋がふくらみ，その際に両端の部分を引っ張る力が生じて腕が曲がるというものです。そのため，筋肉本来の働きをイメージしやすい材料とも言えます。

第5時
引き出し⑱「差異点と共通点」 × テクニック「わかったと実感させる」
動物の骨と筋肉について調べる

　単元の最後では，人の体と比較しながら動物の骨，筋肉の形や動きについて調べていきます。その際，いきなり全身の骨格を見比べると情報量が多すぎるため，体の特定の場所を決めて視点を焦点化することが大切です。

　例えば，人の足とイヌの後ろ足を見比べてみると，一見，関節の曲がり方が逆になっているように感じます。しかし，足の付け根から１番目の関節（膝），２番目の関節（足首）というように順に曲がり方を確認してみると，人もイヌも同じ方向に曲がっていることに子どもたちは驚きます。

　差異点と共通点では，差異点の方がわかりやすく，授業でも着目しやすい傾向があります。しかし，このように差異点が目立つ物を比較する場合は，あえて共通点に着目してみるのも，教材研究や授業づくりにおけるコツの１つです。

⑨　水の自然蒸発と結露（天気の様子）

単元の流れ（全6時間）

第　1　時：地面の水はどこへいったのだろうか
第2〜3時：水は沸騰しなくても蒸発するのだろうか（実験1）
第4〜6時：空気中から水を取り出すことができるだろうか（実験2）

単元のポイント

☞自然界の水の様子について，水の行方に着目して，水の状態変化と関係付けながら観察や実験を行う。

☞「水は，水面や地面などから蒸発し，水蒸気になって空気中に含まれていくこと」や「水蒸気は，結露して再び水になって現れること」を理解する。

子どもにとっての困難さ

✎目には見える水と異なり，見えない水蒸気が存在するという事象を理解することが難しい。

✎「水」と「液体」，「水蒸気」と「気体」という言葉の関係に混乱が生じやすい。

✎「沸騰」と「蒸発」の違いについての混乱が生じやすい。

蒸発…水の表面から気化（液体から気体に変わる現象）が起きる。

沸騰…熱が加えられ，液体の表面からだけでなく液体の内側からも気化が起きる。大気圧が1気圧のときに水は100℃で沸騰する。

第
1
時

引き出し⑨「写真やイラスト／動画」 × テクニック「むすびつける」

地面の水はどこへいったのだろうか

　単元の導入では，生活を振り返り，水たまりの水がどうしてなくなるのか，どこへいったのかということを予想します。

　生活を振り返る際には，写真を提示し，それを使いながら話し合いをすると水の行方を想像しやすくなります。

　また，それまでの学習で，雨水が地面にしみこんだり，低い所へ流れていったりすることを学習していますので，そのときに撮影した水たまりの写真などを活用すると，学習の振り返りにもなります。

ちょい足し支援　〜活躍の場を設定してあげたい子たちへ〜

　それまでの授業で，子どもが地面の雨水の写真を撮影している場合は，その写真を活用することも考えられます。自分の写真が紹介されることが学習意欲の高まりにつながる他，写真を撮影したときの様子を思い出しやすくなるという効果も期待できます。

第
2
〜
3
時

引き出し④「こだわりの課題設定」 × テクニック「方向づける」

水は沸騰しなくても蒸発するのだろうか（実験１）

　この単元は，学校によって沸騰による水の状態変化の学習前に設定されている場合と，学習後に設定されている場合があります。そこで，課題設定では，そのことを踏まえた話し合いを行い，子どもの着眼点を方向づけていく

ことが大切です。

　すでに沸騰について学習した後なら，「水は沸騰しなくても蒸発するのだろうか」のように既習事項と比較する形で課題を設定し，「熱を加えない状態での水の変化」に着目させていきます。

　一方，学習前であれば，「水は空気中に出ていくのだろうか」や「水はどこへいくのだろうか」のように，水の行方に着目するような課題を設定していきます。

　上記の課題のうち，「水は空気中に出ていくのだろうか」は，課題設定の段階で「空気中」という水の行方を明示しているため，子どもたちの話し合いや実験の準備においても，視点が焦点化しやすい表現です。そこで，学習課題をよりシンプルにし，すっきりとした展開にしたいときにおすすめです。

　一方，「水はどこへいくのだろうか」という課題は，やや間口の広い発問です。また，「空気中へ出ていく」という予想についてはもちろん，場合によってはその他の予想についても検証や説明が必要となります。

　しかし，その分，子どもたちの多様な考えをいかした学習展開につながりやすく，探究的な学習活動についての資質・能力を育成するよい機会になるとも言えます。

　わずかな言葉の違いによって，その後の話し合いや学習展開が大きく変わることはめずらしくありません。年間の単元配列やクラスの実態を踏まえつつ，細部にまでこだわりをもち，課題設定をしていくことが大切です。

第4〜6時　引き出し⑥「1人1セットの『マイ○○』」　✕　テクニック「わかったと実感させる」
空気中から水を取り出すことができるだろうか（実験2）

　水が空気中へ出ていくことを調べた第3時までの学習を発展させ，第4時では逆に空気中から水を取り出せるのかについて調べていきます。

　この学習でおすすめなのが，1人1つの実験道具を用意することです。一人ひとりの学習意欲が高まり主体的に活動を進められるだけでなく，多様な

場所で実験をすることにより，「空気中には水蒸気が含まれている」ことを，より強く実感することにつながります。

その際，氷を入れたビーカーやコップを使うこともできますが，フィルムケースのようにキャップがある容器を使ったり，家庭から持ち寄った保冷剤を使ったりすると，容器の転倒等で水がこぼれるということもなく，安心して実験に取り組むことができます。

また，水を入れた容器は，氷を入れるのではなく，あらかじめ容器ごと凍らせておくと便利です。

なお，クラスの中には，実験後も「水滴は容器から染み出たものではないか」と考える子がいます。

あらかじめ常温の水を入れた容器や凍らせていない保冷剤を用意しておくと，それを自分の目で確認することにより，「容器についた水滴は，周囲の空気が冷やされて出てきたものだ」ということを理解しやすくなります。

安心・安全のための支援

水や氷を入れた容器は転倒や落下の危険性がない場所を選んで置くように指示します。特に，水を蒸発させる実験では，水を入れた容器を数日置いておくため，プラスチックなどの破損しづらい素材の容器を使うと安心です。

10　振り子の運動

単元の流れ（全8時間）

- 第1〜2時：振り子を作って気づいたことを話し合う
- 第3〜6時：振り子が1往復する時間の変化について調べる
  　　　　　　（実験1〜3）
- 第7〜8時：振り子の動きを利用したものづくりをする

単元のポイント

👆振り子が1往復する時間に着目して，おもりの重さや振り子の長さなどの
条件を制御しながら学習を進める。

👆振り子が1往復する時間は，おもりの重さなどによっては変わらないが，
振り子の長さによって変わることを理解する。

子どもにとっての困難さ

✏生活経験の中で振り子に接する機会が少なく，運動の規則性に関する実感
を得るのに時間がかかる場合がある。

✏振り子が1往復する時間を計測する実験では，手先の器用さの問題から振
れ幅等に関する条件制御が難しい場合がある。

✏ストップウォッチの記録に誤差が生じやすく，結果の整理や考察の際に，
児童の考えがまとまらない場合がある。

第1〜2時　引き出し⑥「1人1セットの『マイ○○』」 × テクニック「方向づける」
振り子を作って気づいたことを話し合う

　振り子は，子どもたちにとって生活経験で接することが少ないと言われることがあります。実は，ブランコや天井からぶら下がっている電灯など，振り子の運動を目にする機会はあるのですが，それを意識して捉えることが少ないために，経験知になっていないのです。

　そこで，単元の導入では<mark>おもりと紐を1人ずつ用意し，振り子をゆらしたときの様子を自由に観察する時間</mark>を設定します。

　おもりについては，ビー玉や穴の開いたコインを使うこともできますが，実験用のおもりを使うと，おもりの数を増やしたり，縦につなげたりするという試行錯誤を行うことができ，子どもの思考が広がりやすくなります。子どもの人数に対して実験用のおもりの数が少ない場合は，Sカンと呼ばれるS字状のフックを用意するのも1つの方法です。

　また，この時間に特に大切にしたいことは，単元を通した問題意識を子どもたちにもたせることです。問題意識が子どものものになっていないまま学習を進めると，単なるやらされ感の強い作業の連続になってしまい，学習内容も定着しづらくなってしまうからです。

　そこで，ペンデュラムウェーブのような振り子の運動をいかした現象を見せたり，ガリレオ・ガリレイが振り子のきまりを発見したエピソードを紹介したりして，振り子の運動への関心が十分に高まったところで「振

り子にはどのようなきまりがあるのか，自分たちでも調べていこう」と，単元の見通しについて相談していきます。

振り子が１往復する時間の変化について調べる（実験１〜３）

　ここでは，「振り子の長さ」「おもりの重さ」「振れ幅」に着目して，振り子が１往復する時間を比べていきます。

　3種類の実験をどの順番で行うのかは，子どもたちと相談しながら決めていきます。学習展開についての選択権を子どもたちにゆだねることで，その後の学習が子どもたちにとっての「自分ごと」になり，学習意欲が高まるからです。

　その際，１往復する時間が子どもたちの目にもわかる形ではっきりと変化する「長さ」に関する実験を何番目にするかは思案のしどころです。

　これを１つ目の実験とすると，その後の「重さ」や「振れ幅」を変えたときの実験で「誤差」の概念が認識しやすくなり，考察がスムーズになります。

　逆に３つ目の実験にすると，「ついに振り子の時間を変える要因を発見した」という達成感を，子どもたちにもたせやすくなります。

　なお，振れ幅については，実験後も「大きくなると往復する時間が少しずつ長くなった」という意見が出されることがあります。

　実は，振り子の等時性はあくまでも振れ幅が小さい時に当てはまる性質であり，ある程度振れ幅が大きくなると，１往復にかかる時間も，わずかずつ長くなることがわかっています。

　しかし，これを説明するのには専門的な物理や数学の知識が必要であり，小学校の学習としては基本的に「変化

しない」ものとして学んでいます。

　そこで，振れ幅に関するわずかな変化に子どもたちが気づいたときには，その気づきを評価したうえで，「小学生の学習としては『ほとんど変わらない』と覚えておこう」と話してあげると，小さな気づきを大切にする意識が子どもたちに育ち，その後の学習意欲を高めることにもつながります。

　また，振り子の長さ，おもりの重さ，振れ幅を確かめていく際には，3種類の実験結果を整理するための表のレイアウトや，それぞれの実験で比較する長さや振れ幅の大きさなどについて，できるだけ統一感のあるようにすると，子どもが混乱する要素を減らすことができます。

第7〜8時

引き出し②「実生活や身近な自然とのつながり」 × テクニック「むすびつける」

振り子の動きを利用したものづくりをする

　単元の最後には，それまでの学習をいかしたものづくりを行います。

　作るものの例としては，メトロノームや複数の長さの振り子を組み合わせたオブジェなどが考えられます。

　自分で持って帰るものを作ってもよいのですが，下級生へのプレゼントを作り，異学年交流を実施するなど，**生活場面とのつながりを設定する**のもおすすめです。

　作ること自体を目的にして終わるのではなく，それを活用する場を設定することで，活動への意欲が高まりやすくなります。

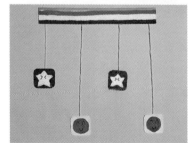

3年

4年

5年

6年

11　電流がつくる磁力

単元の流れ（全11時間）

- 第　1　時：電磁石を知り，単元の課題を設定する
- 第2〜5時：電磁石を作って働きを調べる（実験1）
- 第6〜9時：電磁石を強くする方法を調べる（実験2）
- 第10〜11時：電磁石を使った道具やおもちゃを作る（実験3）

単元のポイント

👆 電流の大きさや向き，コイルの巻数などに着目し，それらの条件を制御しながら観察や実験を行う。

👆「電流の流れているコイルは，鉄心を磁化する働きがあり，電流の向きが変わると，電磁石の極も変わること」「電磁石の強さは，電流の大きさや導線の巻数によって変わること」を理解する。

子どもにとっての困難さ

✏ 電流と磁力を直接見ることができない状態で，2つの要素を関連付けながら理解する必要がある。

✏ 電流の大きさや向き，コイルの巻き数などに着目し，条件制御しながら実験を進める必要があるが，手先の器用さの点から作業が難しい場合がある。

第1時

引き出し⑫「ストーリー＆ミッションの設定」 ✕ テクニック「方向づける」

電磁石を知り，単元の課題を設定する

　電磁石は，掃除機，扇風機など，身の回りの電化製品の多くに使われており，現代の日常生活を送るうえで欠かせないものの1つです。そこで，単元の導入では，電磁石が使われている電化製品や工業製品を紹介することで，電磁石の便利さを実感させ，学習への意欲を高めていきます。

　学習への意欲が高まってきたところで，単元を通した課題としてのミッションを設定します。電磁石を使ったものづくりに取り組む，というのもおすすめの課題設定の1つです。電磁石の学習を進めるための実験キットを購入すると，その中におもちゃの車などの部品が入っていることもあるようですが，それでは設計図の指示通りに組み立てをするだけの「作業」になってしまいます。「電磁石を使った便利グッズを作ろう」などの設定で，割り箸や厚紙といった工作の材料を使いながら子どもたちが自由に創造力を働かせる作品づくりに取り組みたいものです。

ちょい足し支援　〜先行知識をもつ子が多い学級での授業展開〜

　授業では電磁石として，コイルを巻いた鉄心を使いますが，1本の導線（エナメル線）自体にも磁力は生じています。そこで，家庭学習等による先行知識をもっている子が多い場合には，電磁石の基本的な仕組みを確認したうえで，「まっすぐに伸ばした1本の導線（エナメル線）だけでも磁石になるのだろうか」という課題をはじめの実験に設定することも考えられます。この場合，生じる磁力は非常に小さいため，鉄くぎやクリップなどの大きなものではなく，鉄粉や方位磁針を使って磁力の有無を確認します。この実験は，「電磁石をもっと強力にしたい」という問題意識を子どもたちにもたせるという点でも効果があります。

引き出し⑨「写真やイラスト／動画」 × テクニック「方向づける」

電磁石を作って働きを調べる（実験１）

　ここでは，電磁石を作り，永久磁石と比較しながらその働きを調べていきます。その際，確認したい内容は次の３点になります。

①電磁石は，コイルに電流が流れているときだけ磁石の性質をもつ。
②電磁石にもN極とS極がある。
③コイルに流れる電流の向きが変わると，電磁石の極も変わる。

　このうち，③は②の発展的な内容となります。そのため，必ずしも①～③を一度に扱う必要はありません。子どもの状態に応じて①と②を先に確認し，その際の子どもの気づきをもとに③について調べていくことも考えられます。

　その場合は，乾電池の向きが逆になっている２グループの様子を写真等で記録しておき，その違いを比較させるようにすると，子どもたちの問題意識をN極とS極の変化へと向かわせることができます。

　なお，手先を使った細かい作業が苦手な子にとって，コイルを巻く作業はたいへん難易度の高い活動です。そこで，２人１組になって１人が輪の状態で束ねられた導線を少しずつほどき，もう１人がコイルを巻いていくという役割分担をすると，作業がスムーズになります。

引き出し⑧「思考や認識のズレ」 × テクニック「そろえる」

電磁石を強くする方法を調べる（実験２）

　単元の後半では，「電磁石を強くするためにどうすればよいか」という問題意識をもとに，コイルの巻き数を変えたときの磁力の大きさについて調べていきます。

なお，巻き数の異なる2種類のコイルを作る際に導線の長さをそろえないと，巻き数の少ないコイルを使った電磁石の方が，磁力が強くなることがあります。これは導線の短いコイルは抵抗値が低く，大きな電流が流れるためです。

　この点について，事前にていねいな確認を行い，実験を失敗させない指導をするのもよいのですが，あえてそのまま実験を行ってみるのも1つの方法です。その場合は，2種類のコイルに流れている電流の大きさを調べて，導線の長さが短い方が大きな電流が流れていることを確認させたうえで，「導線の長さ」という条件が異なっていることに気づかせます。5年生では，条件制御が重要な学習内容になります。ときには，子どもの見落としや失敗をいかして学習を進めるのも効果的な学習展開になります。

第10〜11時	引き出し⑦「多様な表現活動を支援する教室環境」 × テクニック「むすびつける」
	電磁石を使った道具やおもちゃを作る（実験3）

　単元の最後では，学習してきたことをいかしながら，電磁石を使った道具やおもちゃを作ります。電磁石を使った道具やおもちゃの面白さは，「動かせる」ということです。そこで，作った作品については，実際に動かしている様子を動画で撮影し，共有するのがおすすめです。作品を破損させてしまう心配なく繰り返し確認することができ，また，早く完成した子の作品は，その他の子たちのヒントにもつながっていきます。

安心・安全のための支援

　実験でくぎを使う場合は，透明のケースに必要な数だけを入れるとともに，実験の前後で数を確認することで，床や机にくぎが残ったままにならないようにします。また，実験で使う乾電池は，ショート回路になったときの発熱や破損を防ぐため，アルカリ電池ではなく，マンガン電池を使うと安心です。

12　物の溶け方

単元の流れ（全15時間）

- 第1〜3時：物が水に溶ける様子を調べる
- 第4〜5時：水に溶けた物の重さを調べる（実験1）
- 第6〜11時：物が水に溶ける量について調べる（実験2〜4）
- 第12〜15時：溶かした物を取り出す（実験5〜6）

単元のポイント

- 溶ける量や様子に着目し，水の温度や量などの条件を制御しながら観察や実験を行う。

- 「物が水に溶けても，水と物とを合わせた重さは変わらないこと」や「物が水に溶ける量には，限度があること」「物が水に溶ける量は水の温度や量，溶ける物によって異なり，溶けている物を取り出すこともできること」を理解する。

子どもにとっての困難さ

- 「溶ける」という現象を理解する際に，「絵の具や味噌が溶ける」という生活経験との区別が難しい。

- 「水溶液」の性質を理解する際に，牛乳や液体状のヨーグルト等と砂糖水や塩水等との違いを理解することが難しい。

- 析出実験では，水溶液から結晶が出る様子自体を観察することが難しい。

第1〜3時

引き出し⑱「差異点と共通点」 ✕ テクニック「わかったと実感させる」

物が水に溶ける様子を調べる

　子どもたちは「物が水に溶ける」という現象について，「絵の具が水に溶けて色がつく」「味噌を溶かすと味噌汁になる」「氷を飲み物に入れると溶けてなくなる」など，様々なイメージをもっています。そこで，単元の導入では，今回の学習における「溶ける」には「水の中で物が均一に広がり，時間がたっても下に沈まない」「透き通った透明な液体になる」という条件があることを確認するとともに，食塩やコーヒーシュガーなどが水に溶ける様子をじっくり観察できるようにします。その際，食塩や砂糖は，ティーバックに入れて水中につるしたり，数粒ずつ上から落としたりすることもできますが，匙などにのせてトールビーカーや1.5Lのペットボトルに入れた水につけるようにすると，個体の変化を直接見ることができ，溶け具合も調整できるため，おすすめです。

　なお，絵の具や味噌などの「溶ける」イメージは，生活経験の中で定着してきたものであり，簡単には思考の切り替えができないという子もめずらしくありません。そこで，第2〜3時には，**溶ける物と溶けない物を比較する実験を行い，違いをていねいに確認する**ことで，「水に溶ける」という概念の定着を図っていきます。比較する物については，子どもたちにとって「溶けそうなイメージがある物」を話し合って決めます。身近な物の例としては，次のようなものがあげられます。

- ・絵の具
- ・石鹸
- ・トイレットペーパー
- ・片栗粉
- ・小麦粉
- ・味噌

引き出し⑨「写真やイラスト／動画」 × テクニック「そろえる」

水に溶けた物の重さを調べる（実験１）

　ここでは，「溶かした物は目に見えなくても水の中に存在しており，水と物とを合わせた重さは溶ける前後で変化しない」ということを調べていきます。しかし，目に見えない物の性質を考えることは，やや抽象度の高い活動とも言えます。そこで，実験の予想を立てる際には，「粘土や砂など，物の重さは形が変わっても変化しない」という3年生の学習内容を動画等の資料で振り返らせたうえで，「溶けて目に見えない状態になっても，重さはやはり変化しないのだろうか」という視点で自分の考えをもたせるようにします。これにより，予想を立てる際の手がかりになるだけでなく，実験の結果から考察を行う際にも，溶質の存在をイメージしやすくなります。

引き出し⑪「選択肢の設定」 × テクニック「むすびつける」

物が水に溶ける量について調べる（実験２〜４）

　第6〜7時では，「物が水に溶ける量には限りがあるのか」という課題について調べていきます。その際，予想の段階では「限りがある」「限りがない」の他に，「その他」という選択肢を提示するようにすると，「かき混ぜるスピードを速くすればどんどん溶けるのではないか」など，その後の学習である「溶ける量の増やし方」につながる発想も生まれやすくなります。

　なお，実験にあたっては，「メスシリンダーを使って水の量を量る」「計量スプーンを使ってすりきり1杯を量る」という2点について，子どもたちの技能を育てておく必要があります。いずれも，生活経験としては子どもたちにとってなじみの薄い作業です。あらかじめ用意しておいた写真や動画を提示しながら手順を確認し，実験前に全員が練習する場を設定すると，どの子もスムーズに実験に取り組みやすくなります。

また，第8〜11時では，前時までの実験で溶け残った食塩やミョウバンを溶かすためにはどうしたらよいかについて調べていきます。実験を行う際は，子どもの役割を固定すると，よりスムーズに作業を進めやすくなりますが，輪番制にして一人ひとりの技能を育てることも大切です。

第12〜15時	引き出し④「こだわりの課題設定」 × テクニック「方向づける」

溶かした物を取り出す（実験5〜6）

ここでは，水溶液に溶けている食塩やミョウバンを取り出す実験を行います。その際，課題設定としては次のような形が考えられます。

①水に溶けた物は，取り出すことができるのだろうか。
②水に溶けた物は，どのようにすれば取り出せるのだろうか。

これらの課題については，前時までの実験における子どもたちの話し合いやつぶやきからどちらの形で設定するのかを決めます。ただし，今回の実験では，食塩，ミョウバンのいずれも取り出せるという結果になります。そこで，②の形で課題を設定し，ミョウバンと食塩とで異なる温度変化による析出の可否に着目させるのがおすすめです。

安心・安全のための支援

ビーカーに入れた液体をかき混ぜるためのかくはん棒は，ポリプロピレン製のものを用意しておくと，ビーカーを傷つけたり落として割れたりすることがなく，安心です。

また，火を使う実験では，火が燃え移ったりやけどをしたりしないように十分な指導をします。特に，溶けている物を取り出す実験では，取り出した物がはねることもあるため注意が必要です。

13　動物の誕生―魚の誕生

単元の流れ（全6時間）

- 第　1　時：メダカを飼育する準備をする
- 第2〜3時：メダカを飼育して観察する
- 第4〜6時：メダカの卵の変化や稚魚の様子を観察する

単元のポイント

☝魚を育てる中で，魚が産んだ卵の中の様子に着目し，時間の経過と関連付けながら動物の発生や成長について調べたり観察したりする。

☝「魚には雌雄があり，生まれた卵は日がたつにつれて中の様子が変化してかえること」を理解する。

子どもにとっての困難さ

✎メダカの観察を続けるためには，水質管理や病気への対応方法など，飼育に関する知識や技能が必要となる。

✎メダカが泳ぎ回るために実物の観察が難しい場合がある。

✎学年の児童数によっては，顕微鏡の数が十分でなく，卵の観察に時間がかかったり，顕微鏡を扱う体験が確保できなかったりする場合がある。

✎メダカの稚魚が小さく観察が難しい場合がある。

第1時

引き出し⑥「1人1セットの『マイ○○』」 ✕ テクニック「ひきつける」

メダカを飼育する準備をする

　メダカの飼育を成功させるためには，事前の準備がとても大切です。飼育環境や世話の方法に問題があると，メダカがなかなか卵を産まなかったり，病気にかかって大幅に数が減ってしまったりすることがあるからです。準備物としては，水槽，小石や砂，水草，メダカの餌になりますが，特に大切なのは水槽です。水槽に入れられるメダカの数は「水1Lに対して1匹」がよいと言われており，飼育する数に合わせた水槽を選ぶ必要があります。

　ここでおすすめなのは，メダカ1匹につき1つのペットボトル水槽を用意し，グループで人数分のメダカを飼うことです。ペットボトルは2Lの角形の物を使います。「1人1匹」ではなく，「グループで人数分」とするのは，つがいをつくり，卵を産ませるためです。「1人1匹」という形で飼育をはじめてしまうと，クラス全体ではどうしてもおすとめすの数が合わず，参加できない子が出てきてしまいます。実質的には1人1匹のメダカを飼育していくのですが，あくまでも「グループのメダカたち」という意識で飼育をはじめることが，その後の子どもたちの学習意欲を持続させるうえで効果的です。

第2〜3時

引き出し⑩「『見えない』しかけ」 ✕ テクニック「方向づける」

メダカを飼育して観察する

　メダカの飼育をはじめると，子どもたちは毎日のようにメダカの観察をはじめます。その際，特に関心が高いのはメダカの性別です。教科書にも背び

れや尻びれ，腹の膨らみ具合でメダカのおすとめすを見分ける方法が紹介されていますが，個体差があるうえに，子どもによっては移動するものを目で追うのが苦手という子もおり，意外と難しいようです。

　そこで，じっくりと観察させたいときには，メダカをチャック付きのポリエチレンの袋や幅の狭い入れ物に入れると動きが少なくなり，観察しやすくなります。

　また，はじめにメダカの写真を使ったおす，めすの見極めクイズをするのもおすすめです。その際，背びれや尻びれの部分だけにトリミングした写真やそれぞれのひれのシルエットも用意するようにします。これは，**余計な情報を減らすことで**，ひれの形に注目しやすくなり，おすとめすとの違いもわかりやすくなります。

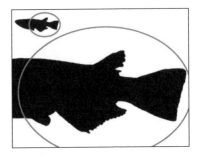

　クイズを通して性別の見分けに自信がもてるようになったら，「グループごとにつがいをつくりましょう」と呼びかけます。つがいをつくるためには，おすとめすを見分けなくてはいけません。子どもたちも真剣です。このような「必要感をもたせるしかけ」が，子どもたちの学習意欲を高めるために，とても有効です。

　なお，メダカを健康な状態で飼育していくためには，水質の管理が欠かせません。餌は少量ですぐに食べきれることを確認しながら2〜3回に分けてあげる，スポイドを用意して食べ残しやごみなどをとるなど，必要な知識・技能について，具体的に指導していきます。

第4〜6時

引き出し⑨「写真やイラスト／動画」 ✕ テクニック「むすびつける」

メダカの卵の変化や稚魚の様子を観察する

　メダカが卵を産むようになったら，卵の中でどのような変化が起きるのかを観察していきます。卵は，解剖顕微鏡で観察するためにシャーレに入れて

おくことが多いと思いますが，チャック付きのポリエチレンの袋を使うこともできます。また，数日ごとに採取した卵をロッカーの上や廊下に並べて見比べられるようにしたり，毎日の様子を写真で撮影したりすると，成長の様子を実感しやすくなります。観察や撮影の際には，スマホやタブレット等のカメラを解剖顕微鏡の接眼レンズに固定しておくと，一度に複数の子どもが観察しやすく，撮影のための操作も楽になります。

なお，学校によっては解剖顕微鏡の数が限られていて，一人ひとりの観察時間を十分に確保できないこともあると思います。そのような場合は，比較的安価に手に入るタブレット用のマイクロスコープを用意して活用するのも１つの方法です。

また，「メダカが卵をなかなか産まない」という悩みを聞くことがあります。メダカが卵を産まない理由はいくつか考えられますが，実は親メダカが食べてしまっている，という可能性もあります。

そのようなときには，たまごが付きやすいホテイ草を入れてみるのもおすすめです。ホテイ草の根は密集しているため，付着した卵が親メダカに食べられることを防いでくれます。

安心・安全のための支援

メダカの元気がなく，原因がはっきりしないときには，バケツなどに隔離して１週間ほど塩水浴をさせることで回復することがあります。これは，塩水浴にメダカの体力と免疫力を高めたり寄生虫を減らしたりする効果があるためです。塩水浴をする場合，塩水の濃度は0.5%（水１Lに対して塩５g）にします。

14 流れる水の働きと土地の変化

単元の流れ（全9時間）

- 第1〜2時：川の上流と下流の違いを調べる
- 第3〜7時：流れる水の働きを調べる（実験1〜2）
- 第8〜9時：川の水による災害や防災対策について考える

単元のポイント

👆水の速さや量に着目し，それらの条件を制御しながら観察や実験を行う。

👆「流れる水には，土地を侵食したり，石や土などを運搬したり堆積させたりする働きがあること」「川の上流と下流によって，川原の石の大きさや形に違いがあること」「雨の降り方によって，流れる水の速さや量は変わり，増水により土地の様子が大きく変化する場合があること」を理解する。

子どもにとっての困難さ

✏️川の観察を行うためには時間や移動手段の確保が必要となるため，映像資料の視聴やモデル実験から川の変化を想像する必要がある。

✏️流水実験では，土の状態や角度等によって多様な結果になりやすく，結果の把握と考察の段階での混乱が生じやすい。

✏️川の多くは河川工事によって人工的な整備がされており，外部から運び込まれた石が大量にあるなど，学習内容と矛盾する環境になっている。

第1～2時 | 引き出し⑬「クイズ」 × テクニック「むすびつける」

川の上流と下流の違いを調べる

単元の導入は視聴覚教材を使って川の様子をよく知ることからはじめることが大切です。特に，通常時の様子と雨による増水時の様子を比較できるように動画を用意すると，変化の激しさへの驚きが，その後の学習意欲へとつながっていきます。

学習意欲が高まったところで，川の上流（山の中）と下流（平地）の違いについて土地の様子，川幅，石の状態などの点から比較をします。その際，中間地点となる山から平地へ流れ出たあたりの様子も加えることで，上流から下流へ段階的に変化していくことを捉えさせることもできます。

ただし，一度に3種類の比較をするのはやや高度な活動になるため，上流（山の中）と下流（平地）の比較を全体で確認してから，発展的な学習として山から平地へ流れ出たあたりの様子を扱うという流れをとるのも1つの方法です。

また，事前に地域の川をめぐって複数個所で写真を撮ることができれば，授業の後半ではこれを使って，**上流から順に写真を並び替えるというクイズ**に取り組むことができます。グループで相談しながら考えるようにすることで，川や石の様子について観察し，気づいたことを言語化する機会をつくることができます。

なお，川の石は流れる水の働きによって割れたり削られたりするため，下流では小さく丸みをもったものが多いということを学びます。「ハンマーで砕いた小石と水をペットボトルに入れ，蓋をして振る」という石の摩滅実験をすると，水の働きによる石の変化を実感することができ，おすすめです。

引き出し⑫「ストーリー&ミッションの設定」 ✕ テクニック「むすびつける」

流れる水の働きを調べる（実験１〜２）

　ここでは，モデル実験を通して「流れる水には『浸食』『運搬』『堆積』という３つの働きがあること」「流れの速いところでは地面が浸食され，緩やかなところでは土が堆積すること」「地面の傾きが大きくなったり水の量が増えたりすると３つの働きが大きくなること」などを調べていきます。その際，実験については次のような方法が考えられます。

①プランターのトレイなどの容器に土を入れた流水実験装置を用意する。
②校庭等の斜面に川をイメージした溝を掘る。

　①は班ごとの装置を準備しやすいため，一人ひとりの子どもたちが自分の役割をもちながら学習を進められるのがメリットです。また，傾きの大きさを変えるなど，条件制御をしやすいのも特徴です。ただし，土の粒子の大きさや斜面の角度，流す水の量や注ぎ方などによって想定外の浸食作用が生じたり，川の湾曲部同士の間隔が狭いために思い通りの結果がでなかったりすることも多く，必要な実験の技能は高めです。

　それに対して②は地面に川のモデルを作るため，スケールの大きな川を作ることができます。また，しばらく水を流し続けることができ，比較的失敗が少ない傾向にあります。そこで，まず②の方法で流れる水の３つの働きを確認し，その後に①の方法で理解を深めるという流れをとるのも１つの方法です。

　なお，これ以外にも「畑等に山，平地，海をイ

メージした地形を作り，シャワーで水をかけ続ける」という方法で実験を行うことも考えられます。川の湾曲部についての観察は難しくなりますが，自然の世界で起きている，次のような様子を実感することができます。

○雨が集まって小さな川を作り，その川が合流して大きな川となる。
○平地では川が広く，流れが緩やかになる。
○上流から下流へ土が流され，流れの緩やかな場所で堆積する。

　また，その際に地域の地形を再現し，「神様になって大地の変化を見届けよう」とストーリーの設定をすると，子どもたちは身近な自然と実験結果とをむすびつけながら観察に取り組むことができます。

第8〜9時
引き出し②「実生活や身近な自然とのつながり」 × テクニック「わかったと実感させる」
川の水による災害や防災対策について考える

　ここでは，川の水による災害や災害に対する備えについて調べていきます。
　実際の川や防災関連の施設に見学に行くのが理想ですが，難しい場合には，自治体の担当部局に相談をして，災害対応時の体験を取材してインタビュー動画にしたり，その際の写真や動画を借りたりして授業で活用できると，子どもたちの意欲が高まります。
　また，河川が近くにある場合，それまでの学習をいかして，「洪水ハザードマップ」の予想図を作成してみるのも１つの方法です。流れる水の働きに加え，川の形状，周囲の地形など，多角的な視点から自然の事物を捉えなおす機会となります。

3年

4年

5年

6年

15　てこの規則性

単元の流れ（全8時間）

- 第　1　時：てこの働きを体験する
- 第2〜4時：棒を使った「てこ」の手ごたえを調べる（実験1）
- 第5〜6時：てこの腕を傾ける働きを調べる（実験2）
- 第7〜8時：てこを利用した道具を調べる

単元のポイント

👆力を加える位置や力の大きさに着目し，てこの働きを多面的に調べる。

👆「力を加える位置や力の大きさを変えると，てこを傾ける働きが変わり，てこがつり合うときにはそれらの間に規則性があること」や「身の回りには，てこの規則性を利用した道具があること」を理解する。

子どもにとっての困難さ

✏てこ実験器や分銅など，日常生活で接する機会の少ない器具の操作をする必要がある。

✏「支点」「力点」「作用点」など，なじみの少ない言葉を使いながら実験の予想を立てたり，結果を整理したりする必要がある。

✏同じ重さでも支点からの距離によって，てこを傾ける働きが変わるなど，抽象的な概念の理解が求められる。

✏てこの規則性を調べるために算数の知識や技能が必要となる場面がある。

引き出し⑥「1人1セットの『マイ○○』」 × テクニック「むすびつける」

てこの働きを体験する

　単元の導入では，てこを使っておもりを持ち上げる活動を行い，その体験をもとに，てこの働きについての学習課題を設定していきます。その際，使うてこについては，次のようなものが考えられます。

①3m程度の長い棒と砂袋等のおもりを使った大型てこ
②バールなど，てこの働きを利用した身近な道具
③卓上で使える小型のてこ

　①の大型てこは，「おもりがなかなか持ち上がらない」「おもりや手の位置を変えたら，驚くほど手ごたえが軽くなった」など，ダイナミックな体験ができます。また，「自分も体験したい」という好奇心を高めるのに効果的です。ただし，用意できるてこの台数によっては，待ち時間が長くなって集中力が続きづらい，一人ひとりの活動が十分に確保できないということもあります。一方，②や③は，比較的道具や器具の数を増やしやすく，それによって試行錯誤の時間を確保することができるのが魅力です。また，③については，子ども一人ひとりに「マイてこ」を作らせるのもおすすめです。「マイてこ」は，その後の授業で目盛りをつけて「マイ実験用てこ」に進化させたり，単元末に学習内容をいかしたモビール作りに取り組んだりと，単元を通した活用も可能です。

引き出し⑨「写真やイラスト／動画」 × テクニック「そろえる」

棒を使った「てこ」の手ごたえを調べる（実験1）

　ここでは，支点から力点，作用点までの距離を変えたときの手ごたえの違

いについて調べます。しかし，「支点」「力点」「作用点」という日常生活では使い慣れていない言葉を使いながら実験結果を整理していくのは，子どもたちにとって難しい作業になります。

　そのため，**写真やイラスト付きの用語の説明を教室に掲示**したり，それを活用して朝の会や帰りの会等にワンポイント復習として振り返りを行ったりして，繰り返し３つの用語に接する機会を設けるようします。

　また，実験の結果の整理や考察の場面では，情報量を絞った表で整理する，要点を箇条書きにするなどの工夫をすると，見やすく，わかりやすいノートやワークシートになります。

第5～6時 引き出し⑭「イメージ図」 × テクニック「そろえる」

てこの腕を傾ける働きを調べる（実験２）

　実験用てこを使い，左右のおもりの重さや位置を変えながらてこがつり合うときの規則性を見出します。算数の知識，技能も活用して学習を進める必要があるため，子どもによっては苦手意識が生じやすい場面の１つです。

　そこで，考察の場面では，

○「支点からの距離」×「力の大きさ（おもりの重さ）」を面積図で表すなど，てこの腕を傾ける働きの大きさをイメージしやすいよう図で視覚化しながら確認する。
○グループで分担し，距離やおもりを１つずつ変えた表を複数用意し，規則性を実感しやすいようにする。

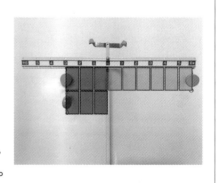

などの方法で，無理なく学習内容を理解できるようにすることが大切です。

第7〜8時

引き出し⑦「多様な表現活動を支援する教室環境」 × テクニック「そろえる」

てこを利用した道具を調べる

　てこの働きを利用した身近な道具を調べ，それぞれの支点，力点，作用点を確認します。道具によって3点の順序が異なるため，似た仕組みを利用している道具の仲間分けをするなど，1つずつ
ていねいな確認をすることが大切です。その
際，タブレット端末を活用し，道具の写真に
印や文字を入れながら話し合いを行うとわか
りやすく，また，間違っても修正がしやすい
ために安心して活動に取り組みやすくなりま
す。

　なお，てこを利用した道具には，次のようなものがあります。

＜支点が間にある道具＞

　作用点，支点，力点の順に並んでいます。力点と支点との距離を大きくすることで，小さな力を大きな力に変えることができます。（はさみ，ペンチ，くぎ抜き，缶切り，プルタブなど）

＜作用点が間にある道具＞

　支点，作用点，力点の順に並んでいます。常に力点に加えるよりも大きな力が作用点に働きます。（せんぬき，空き缶つぶし器，ホッチキスなど）

＜力点が間にある道具＞

　支点，力点，作用点の順に並んでいます。常に力点に加えるよりも小さな力が作用点に働きます。細かい作業をするのに便利です。（和ばさみ，ピンセットなど）

16　電気の利用

単元の流れ（全8時間）

- 第　1　時：発電や電気の利用について考える
- 第2〜5時：電気をつくって利用する（実験1〜2）
- 第6〜8時：電気を蓄えて利用する（実験3）

単元のポイント

👉 発電や蓄電，電気の変換について，電気の量や働きに着目し，それらを多面的に調べる。

👉「電気は，つくりだしたり蓄えたりすることができること」や「電気は，光，音，熱，運動などに変換することができること」「身の回りには，電気の性質や働きを利用した道具があること」を理解する。

子どもにとっての困難さ

✏ 子どもたちの中には「電気」＝「電灯」というイメージが定着していることがある。

✏ 電気は使用してなくなるというイメージが強く，エネルギー変換についての正しい理解が難しい子どももいる。

✏ スマホやテレビゲーム機など，新しい電化製品の普及に伴い，電球のような電気の変換自体を身近に感じる場面が減少している。

| 第1時 | 引き出し③「さわる／動かす体験」 × テクニック「方向づける」 |

発電や電気の利用について考える

　子どもたちは日常,「電気」という言葉を「電灯」という意味で使用しており,「電気」＝「電灯」という固定観念が定着しがちです。

　また,電化製品の仕組みがデジタル制御により複雑になったり,ブラックボックス化したりする中で,電気を音,運動,熱など様々な形で利用しているという具体的なイメージをもちにくい傾向もあります。

　そこで,単元の導入では,日常生活を振り返りながらどのように電気をつくったり使ったりしているかについて話し合うだけでなく,思い切って手回し発電機やオルゴール,モーター,豆電球など,単元で使用する様々な実験器具を用意するのもおすすめです。それらを**自由に手に取って動かしたり観察したりする**ことで,発電や電気の利用について具体的なイメージをもてていなかった子どもたちも,学習内容に対する関心や課題意識をもちやすくなり,学習計画を立てていくことができます。

| 第2〜5時 | 引き出し①「『知っているつもり』へのゆさぶり」 × テクニック「わかったと実感させる」 |

電気をつくって利用する（実験１〜２）

　この単元では,手回し発電機と光電池という２種類の方法で発電を行います。手回し発電機を使う実験では,「ゆっくり回す」「速く回す」「逆に回す」の３種類の場合を確かめますが,実験を行う際に次の点に注意が必要です。

---

① 「ゆっくり」「速く」というのは抽象的な表現となるため,回す子どもによって差が生じやすい。
② ハンドルを上から下ろすときと上げるときで回転速度に差が出やすい。

ハンドルの回転速度については，「I秒間にI回」「I秒間に2回」などの
わかりやすい基準を示したり，回転速度
が一定になるよう，発電機の持ち方や回
し方について子どもたちと相談したりす
ると，実験がやりやすくなります。ハン
ドルが上下しないように手回し発電機を
90°傾けて持つのもIつの方法です。

　また，手回し発電機には発電電圧が
12Vの物や3Vの物など複数のタイプがあり，使用する豆電球やモーター等
もそれに適した教材を用意する必要があります。

　3Vの手回し発電機に合う教材は値段も比較的安価でお手軽です。一方，
12Vの手回し発電機では，豆電球よりも一回り大きな電球を光らせることも
でき，回転速度の変化とフィラメントの変化が体感しやすくなるなど，ダイ
ナミックな実験が可能です。

　なお，実験を通して「電気を光や運動の働きに変える」ということを学び
ますが，「光る」「回る」といった表面的な事象だけでわかったつもりになり，
エネルギーの変換という概念の理解が不十分なことがあります。そこでおす
すめなのが，手回し発電機同士をつなぐ実験です。発電機には部品としてモ
ーターが組み込まれているため，2台の発電機をつないで片方のハンドルを

回すと，もうI台のハンドルがそれに合
わせて回転します。回転速度や方向を変
えながら操作を繰り返すことで，電気エ
ネルギーが運動エネルギーに，運動エネ
ルギーが電気エネルギーにという「変
換」の概念を実感しやすくなります。

第6〜8時

引き出し⑮「『得意な子』への支援や配慮」 × テクニック「ひきつける」

電気を蓄えて利用する（実験3）

　ここではコンデンサーを使い，蓄電（充電）について調べていきます。蓄電するための器具というと，子どもたちがイメージするものは乾電池ですが，乾電池は中で化学反応を起こすことにより電気を発生させており，純粋に電気をためているとは言えないため，コンデンサーを活用します。

　実験としては，手回し発電機を10回転・20回転・30回転させて蓄電させ，豆電球の点灯時間を調べます。手回し発電機による発電量はハンドルを回す速さによっても変化するため，蓄電量を示す目盛りがついた教材を用意する，回数を重ねて平均を出す，グループ内では同じ児童が発電を担当するなど，一定の蓄電量となるような工夫が必要です。

　なお，ここまでの学習において，子どもたちが光っている豆電球に触れて発生する熱について気づいていると，豆電球と発光ダイオードの点灯時間の違いから，「発光ダイオードが長く光ることができるのは，光だけに電気を使っているからではないか」と考える児童も出てきます。発展的な学習になるため，必ず取り扱うわけではありませんが，そのように**子どもたちの発見や気づきを生むための「しかけ」を随所に張り巡らしておく**と，学習が得意な子も知識の丸暗記で満足することなく，注意深く観察したり，自然事象の因果関係を考えたりする意欲をもつことができます。

安心・安全のための支援

　12Vタイプの手回し発電機に低い定格電圧の豆電球等をつなぐと，つないだ器具が破損するため注意が必要です。また，手回し発電機による発電は，子どもがハンドルを回すことに夢中になることがありますので，あらかじめ，適切な速度で回す様子を見せながら指導しておくと安心です。

17　燃焼の仕組み

単元のポイント

👆空気の変化に着目し，物の燃え方を多面的に調べる。

👆植物体が燃えるときには，空気中の酸素が使われて二酸化炭素ができることを理解する。

子どもにとっての困難さ

✏酸素や二酸化炭素は目に見えないため，燃焼によるそれぞれの割合の変化を実感することが難しい。

✏酸素がゼロになるのではなく，割合が減ると火が消えるという事象の理解が難しい子どももいる。

✏「空気」と「酸素」あるいは「二酸化炭素」等の区別に関する認識が実感しづらい子どももいる。

第1時

引き出し② 「実生活や身近な自然とのつながり」 × テクニック「そろえる」

物が燃えるために必要なものを予想する

　現在はオール電化の普及などにより，「日常生活で火をまったく使わない」という子どももめずらしくありません。そのため，単元の導入で物が燃えるために何が必要なのかについて考える際には，生活経験の差を補う工夫が必要です。高学年で野外宿泊学習へ行って自炊する学校であれば，その際にかまどの火の様子を動画に残しておくなど，子どもにとって身近に感じられるような資料の準備を日頃から行っておくのがおすすめです。

第2〜3時

引き出し⑨ 「写真やイラスト／動画」 × テクニック「そろえる」

物の燃え方と空気の動きを調べる（実験１）

　ここでは，集気びんの中でろうそくを燃やし，線香の煙の動きをもとに空気の流れを調べることで，「火が燃え続けるためには空気が入れ替わる必要がある」ということを学んでいきます。まず，空気の入れ替わりがない状態にすると中のろうそくの火が消えてしまうことを確認する実験をしますが，これに加えて行う実験としては次の２種類が考えられます。

①集気びんの上下に隙間がある。
②集気びんに蓋がなく，上が大きく開いている。

　①と②の両方を行うのか，それともいずれか１つを行うのかは，実験前の子どもたちの話し合いによって決めます。

　なお，線香の煙の動きについては，熱で上昇する煙自身の動きと集気びんの空気の流れとを区別する必要があり，それが子どもにとってのわかりづらさにつながる場合があります。そこで，グループや学級全体で確認ができる

よう，ICT機器を使って実験の様子を録画しておくのがおすすめです。

　また，子どもたちの中には，「ろうそくの火が消えたのは集気びんの中の空気がなくなったからではないか」と考える子もいます。そのような意見が出される場合には，集気びんを水の中に入れ，空気を「見える化」すると，子どもの考えを軌道修正することができます。

　子どもの素朴な考えに寄り添い，疑問を解決する手立てを教師が「引き出し」としてもっておくことで，学級全体に，自分なりの考えを形成しようとする意欲が育っていきます。

引き出し①「『知っているつもり』へのゆさぶり」 ✕ テクニック「わかったと実感させる」

物を燃やす働きのある気体を調べる（実験2）

　ここでは，空気が窒素や酸素，二酸化炭素などの気体が混じったものであることを確認し，物を燃やす働きがある気体は（小学校で習う気体では）酸素のみであるということを調べていきます。

　しかし，空気の成分は目に見えないため，「物が燃えるためには酸素が必要」という概念の獲得は，子どもたちにとって意外と難しく，**本人も無自覚のうちに知識としての丸暗記でわかったつもりになってしまっている**子もめずらしくありません。

　そこで，発展学習として，ろうそくの炎の断面図がどうなっているのかを考えさせるのもおすすめです。

　実物の確かめ方は，ろうそくの炎に目の細かい網を近付けるだけです。網に触れたところは炎の温度が下がり，上から観察すると，ちょうど断面図として見えます。空気に触れている外側だけが燃えていることから，物が燃えるためには酸素が必要であることを再確認できます。

第6～7時

物が燃えるときの空気の変化を調べる（実験3）

　ここでは，石灰水や気体検知管等を使い，物が燃える前後の空気の変化について調べていきます。

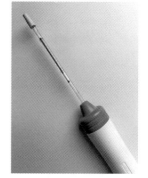

　この学習で子どもたちが戸惑うのは，約21％だった酸素の割合が燃焼後もゼロにならずに約17％も残っているのに対して，燃焼前は約0.04％だった二酸化炭素の割合が約3％に上昇することです。0.04％という数字は，子どもたちにとって非常に小さな数字であり，ゼロに近い感覚を抱く子もいるため，中には「火が消えたのは，酸素が減ったからではなく，二酸化炭素が増えたからではないか」と考える子もいます。実験後の考察においてそういった意見が出される場合には，二酸化炭素の割合を増やした空気でも酸素が十分にあれば火が燃えるということを確かめる実験を行うなど，**子どもの思考のズレをいかす授業展開を心がける**ことが大切です。

　なお，今回紹介した第4～5時と第6～7時は，「酸素の働き」について理解してから，燃焼前後の気体の割合の変化を調べるという流れになっていますが，この第4～5時と第6～7時を入れ替えることも可能です。その場合，単元全体の子どもの思考の流れは「集気びんの中でろうそくが燃え続けるためには空気の入れ替えが必要だった」「では，燃焼前の空気と後の空気に違いがあるのかを調べよう」「違いを調べたら，酸素が減り，二酸化炭素が増えていた。酸素には，物を燃やす働きがあるということではないか」という形になります。

　どちらの展開にするかは，教師が一方的に決めるのではなく，第1～3時までの子どもの考えや疑問等を踏まえながら決めていくことが大切です。

6年　　**生命**

⒅　人の体のつくりと働き

> **単元の流れ（全9時間）**
>
> ● 第　1　時：ヒトや動物は必要なものをどのように取り入れているか
> ● 第2〜4時：体に取り入れた食べ物の変化を調べる（実験1）
> ● 第5〜6時：体に取り入れた空気の変化を調べる（実験2）
> ● 第7〜9時：血液や様々な臓器の働きを調べる

単元のポイント

☞体のつくりと呼吸，消化，排出及び循環の働きに着目し，生命を維持する
　働きを多面的に調べる。

☞「体内に酸素が取り入れられ，体外に二酸化炭素などが出されていること」
　「食べ物は，口，胃，腸などを通る間に消化，吸収され，吸収されなかっ
　た物は排出されること」「血液は，心臓の働きで体内を巡り，養分，酸素
　及び二酸化炭素などを運んでいること」「体内には，生命活動を維持する
　ための様々な臓器があること」を理解する。

子どもにとっての困難さ

✐消化管やその働きは直接見ることができないため，動画や写真，模型等に
　よって想像する必要がある。

✐臓器や血液のイラストや写真への苦手意識をもっていたり，実験で唾液を
　使うことに抵抗感を抱いたりする場合がある。

136

第
1
時

引き出し① 「『知っているつもり』へのゆさぶり」 ✕ テクニック「ひきつける」

ヒトや動物は必要なものをどのように取り入れているか

　単元の導入では，運動の前後の体の変化を取り上げ，ヒトや動物が生きるために必要なものを食事や呼吸によって取り入れているということを確認します。その際，「口から入った食べ物がどのように体を通っていくのか，テレビや本で見たことのある消化管の図を思い出して描いてみよう」などのように，この時点の知識を表現する活動を行うと，**自分たちの「知っているようで知らない」状態を自覚することができ**，学習に向けたよい刺激となります。もちろん，この時点では学習前ですので，あらかじめ「正しく描くことが目的ではなく，今，もっているイメージを自分で確認するために描く」という点を伝えておきます。また，これは，単元終了時に同じ活動をすることで，学習による成長を一人ひとりに実感させることにもつながります。

第
2〜4
時

引き出し③ 「さわる／動かす体験」 ✕ テクニック「むすびつける」

体に取り入れた食べ物の変化を調べる（実験１）

　ここでは，唾液の働きによってでんぷんが変化することをヨウ素液の反応によって調べ，消化の働きについて学んでいきます。唾液を使った実験は，食べ物が消化されるという実例を確認できるものであり，興味深い学習活動と言えます。しかし，子どもによっては，次のような課題もあります。

①誰かの唾液を吐き出して使うということに抵抗感を抱く場合がある。
②消化前のでんぷんには色がつくという反応があるが，消化後は「何も起こらない」という状態の確認をすることになるため，感動や驚きを感じづらい。

そこでおすすめなのが，でんぷんのりと消化酵素を使った消化の実験です。実験は，次のような流れで行います。

〈実験の手順〉

①片栗粉20ｇに水50 mL を入れ，よくかき混ぜた後に熱湯250mL を混ぜ，半透明で粘り気のあるでんぷんのりを作る。

②でんぷんのりにヨウ素液を混ぜ，青紫色になる反応を確認する。

③消化酵素をでんぷんのりに振りかけ，割り箸等で混ぜる。

　消化酵素は，市販の胃薬で代用することもできます。この実験では，鮮やかな青紫色のでんぷんのりが変化し，形も液体状になっていく様子を，手ごたえという体感を伴いながら確認することができるのが魅力です。

第5〜6時 | 引き出し⑮「『得意な子』への支援や配慮」 ✕ テクニック「方向づける」

体に取り入れた空気の変化を調べる（実験２）

　ここでは，ヒトが呼吸によって酸素の一部を取り入れ二酸化炭素を出していることを，石灰水や気体検知管による実験で調べていきます。その際，課題については次のような形で設定することが考えられます。

---

①吸い込む空気と吐き出す空気は，何が違うのだろうか。

②呼吸によって人は何を取り入れ，何を出しているのだろうか。

　子どもたちは，呼吸について，「人は空気を吸ったり吐いたりして生きている」「息をしないと死んでしまう」といったこと自体は知っています。しかし，「空気」と「酸素」や「二酸化炭素」を区別したり，体に取り込まれた空気がどのようになるのかということを正しく理解したりしているわけではありません。また，実験では石灰水や気体検知管を使い，空気中の酸素や

二酸化炭素の量の変化を確認しますが，肺でのガス交換自体を観察できるわけではありません。

　そう考えると，①は，実験の結果自体を中心にした課題設定と言えます。抽象的な思考や物事の関係性をイメージするのが苦手な子どもが多い場合には，わかりやすい課題でもあります。また，酸素が減って二酸化炭素が増えているという実験結果をもとに，「なぜそうなったのだろうか」という探究的な考え方で肺呼吸について調べていくこともできます。

　それに対して，②は，呼吸の目的を問う課題になっています。そこで，「呼吸とは空気中のある成分を体に取り入れたり，吐き出したりする働きがある」という認識を課題設定前に形成しておく必要があります。

　なお，学級によっては，事前に家庭学習を行っている子どもが「呼吸では酸素を取り入れ，二酸化炭素を出している」という知識を早い段階から発表し，学級全体もそれに納得しているという場合があります。そういった状態になった場合には，「本当にそうなのだろうか」「酸素や二酸化炭素の割合はどのくらい変化するのだろうか」のように，課題を柔軟にアレンジして設定することで，子どもたちの探究心を刺激することができます。

第7〜9時 | 引き出し⑬「クイズ」 × テクニック「ひきつける」

血液や様々な臓器の働きを調べる

　ここでは，血液の役割や流れ，体の様々な臓器の働きなどを学びます。イラストや動画の資料をもとにしながら学習を進めますが，資料の確認や説明ばかりだと，子どもによっては学習意欲が低下してしまう場合もあります。そこでおすすめなのは，クイズを学習に取り入れることです。「小腸の長さは5〜7ｍ」「肺胞の表面積は畳約37枚分」など，思わず「えー！」と驚きの声が上がるような話題を取り上げ，ときには実際の長さや広さを実感できるようにひもを用意したり，地面に広さを描いておいたりすることで，楽しみながら学習に取り組むことができます。

第3章　18の「引き出し」×5つのテクニックでつくる！　ユニバーサルデザインの理科授業　139

3年

4年

5年

6年

19　土地のつくりと変化

単元の流れ（全14時間）

- 第　1　時：大地のつくりや変化について予想や仮説を立てる
- 第2〜5時：地層がどんなものからできているかを調べる
- 第6〜10時：地層のでき方について調べる（実験1）
- 第11〜14時：火山や地震と大地の変化について調べる

単元のポイント

☞土地やその中に含まれる物に着目し，土地のつくりやでき方を多面的に調べる。

☞「土地は，礫，砂，泥，火山灰などからできており，層をつくって広がっているものがあり，層には化石が含まれているものがあること」や「地層は，流れる水の働きや火山の噴火によってできること」「土地は，火山の噴火や地震によって変化すること」を理解する。

子どもにとっての困難さ

✎地層の形成について時間的・空間的な「見方」を働かせる必要があるが，抽象的な思考が苦手な子どもにとって実感が難しい場合がある。

✎堆積実験では，実験の技能や実験器具の不具合等によって結果が多様になり，結果の整理や考察で戸惑いが生じる場合がある。

✎礫，砂，泥の大きさは多様であり，違いについて混乱する場合がある。

第1時

引き出し⑱「差異点と共通点」 × テクニック「方向づける」

大地のつくりや変化について予想や仮説を立てる

　単元の導入では，地層の写真を見ながら気づいたことを話し合い，学習の計画を立てます。その際，地域の地層について予想図を描くこともありますが，考える手がかりがない場合，子どもにとってやや難しい活動となります。

　そこでおすすめなのは，複数の場所の地層の写真を見比べながら違いを考えるようにすることです。比較する資料が目の前にあることで，知識の有無に関係なく，どの子にとっても考えやすい活動となります。

　また，子どもの中には，学習内容自体が「自分ごと」にならないと参加度が極端に下がるという子たちがいます。そのような子どもたちの学習意欲を高めるためには，身近な地域教材の活用が1つのポイントになります。

　見知らぬ土地ではなく，自分たちが生活している土地だからこそ，「地面の下はどうなっているのだろうか」「自分の目で確かめてみたい」といった疑問や探究心がわくからです。

　もし，地域に適切な地形がないと感じる場合には，町ではなく，市，あるいは県のように，「地域」の概念を広げて教材探しをするのも1つの方法です。

第2
～5
時

引き出し③「さわる／動かす体験」 × テクニック「そろえる」

地層がどんなものからできているかを調べる

　ここでは，観察を通して地層の様子や構成物について調べていきます。

　地層や岩石が露出している「露頭」が学校の近くにある場合は，現地へ行って観察すると，学習内容と身近な自然とをむすびつけてイメージしやすくなるのでおすすめです。また，そのような場所がない場合は，写真や学校に保管されているボーリング資料を使いながら土地の様子を考えます。地層の

順番を予想したりみんなで図に表したりしていくと，空間的な広がりについてのイメージをもつのが苦手な子にも，わかりやすい学習となります。

　地層の構成物については，土が「礫」「砂」「泥」に区別できることを学習します。ポイントは，さわって確かめることのできる実物を用意すること，観察する際の視点を明確にすることです。実物の用意が難しい場合は，代用品として食塩や小麦粉等を用意するのも１つの方法です。観察する際の視点としては，粒の大きさと手ざわりに着目させます。

　なお，「〇〇よりも大きい」「粒がはっきり見える」という表現だけでは基準が明確に捉えられず，「礫」「砂」「泥」の区別が難しいという子どもたちもいます。その場合，それぞれの粒の大きさは一定なのではなく，幅があることを説明し，具体的な数字を示すようにすることで，理解しやすくなります。

第6～10時　引き出し⑥「１人１セットの『マイ〇〇』」✕ テクニック「ひきつける」

地層のでき方について調べる（実験１）

　ここでは，水の働きによって地層がつくられることを堆積実験によって確認したり，礫岩，砂岩，泥岩などの岩石や化石，火山灰などの観察を行ったりしながら，地層の成り立ちについて学習していきます。

　堆積実験は，大型の実験器具を使うとダイナミックな実験となり，大地のつくりという空間的な広がりをイメージしやすくなりますが，台数が限られるために子どもが「見るだけ」になりやすいという課題もあります。そこで，30cm 程度に切った「とい」や半透明のケースなどを使い，４～５人に１台の卓上実験セットを用意するのがおすすめです。

　また，ペットボトルに礫，砂，泥，水

を入れ，蓋をしてよく振り混ぜた後に沈殿物を観察するという方法もあります。これは1人1台の「マイ地層キット」となり，地層に関する児童の関心も高まります。ただし，堆積を繰り返して幾重にも重なった地層をつくるということはできないため，通常の堆積実験と組み合わせる形で取り入れます。

第11～14時 引き出し② 「実生活や身近な自然とのつながり」 × テクニック 「むすびつける」

火山や地震と大地の変化について調べる

単元の後半では，火山や地震の働きにより大地が変化することを，地層の様子や化石などの堆積物から考えていきます。地域の防災センターの見学や市町村の防災に関する担当部局と連携した出前授業など，防災教育と関連させた取り組みをすると，学習内容と実生活とがむすびつき，学習の有用感を実感させることにもつながります。

空間的，時間的広がりの広大さから実感を伴った理解が難しい場合もある地層の学習ですが，実物や写真，インタビュー等，様々な教材や実験を組み合わせ，大地の下をイメージできるように工夫していくことが大切です。

安心・安全のための支援

露頭の観察を行う場合は下見を行い，足を滑らせやすい場所や崖からの落下物が予想される場所などを確認しておきます。例年，見学に行っている場所でも状況が変化している場合がありますので注意が必要です。特に露頭が川沿いにある場合は川の状況にも注意します。

【著者紹介】

久本　卓人（ひさもと　たくと）

神奈川県公立小学校総括教諭。日本授業UD学会湘南支部事務
局長。1975年生まれ。奈良教育大学大学院教育学研究科修士課
程修了。神奈川県公立小学校教諭、神奈川県立総合教育センタ
ー指導主事、神奈川県教育委員会子ども教育支援課指導主事を
経て、現職。支援教育の視点を取り入れた学級運営や授業づく
りについて、県内外の仲間たちと日々研鑽を重ねている。

理科授業サポートBOOKS
ユニバーサルデザインの小学校理科授業

2024年2月初版第1刷刊	ⓒ著　者	久　　本　　卓　　人
	発行者	藤　　原　　光　　政
	発行所	明治図書出版株式会社

http://www.meijitosho.co.jp
（企画・校正）江﨑夏生

〒114-0023　　東京都北区滝野川7-46-1
振替00160-5-151318　電話03(5907)6701
ご注文窓口　電話03(5907)6668

＊検印省略　　　　組版所　朝日メディアインターナショナル株式会社

Printed in Japan　　　　　ISBN978-4-18-188412-3
もれなくクーポンがもらえる！読者アンケートはこちらから